教养力

给 男 孩 阳 光 教 育

晓丹 / 著

台海出版社

图书在版编目（CIP）数据

教养力：给男孩阳光教育 / 晓丹著．-- 北京：台海出版社，2020.10

ISBN 978-7-5168-2713-0

Ⅰ.①教… Ⅱ.①晓… Ⅲ.①男性—儿童教育—家庭教育 Ⅳ.① G782

中国版本图书馆 CIP 数据核字（2020）第 163416 号

教养力：给男孩阳光教育

著　　者：晓　丹

出 版 人：蔡　旭　　　封面设计：末末美书

责任编辑：徐　玥

出版发行：台海出版社

地　　址：北京市东城区景山东街 20 号　邮政编码：100009

电　　话：010-64041652（发行，邮购）

传　　真：010-84045799（总编室）

网　　址：www.taimeng.org.cn/thcbs/default.htm

E-mail：thcbs@126.com

经　　销：全国各地新华书店

印　　刷：天津中印联印务有限公司

本书如有破损、缺页、装订错误，请与本社联系调换

开　　本：710 毫米 × 1000 毫米　　1/16

字　　数：190 千字　　印　张：15

版　　次：2020 年 10 月 第 1 版　　印　次：2020 年 10 月 第 1 次印刷

书　　号：ISBN 978-7-5168-2713-0

定　　价：45.00 元

前言

可怜天下父母心，没有哪个父母不想自己的儿子成为一个阳光快乐的小小男子汉，没有哪个父母不希望自己的儿子成为优秀的“男神”。然而，由于男孩调皮的天性，使得他们比女孩更难教育，男孩的父母们为如何教养男孩操碎了心。

很多父母在教育男孩的艰辛之路上苦苦挣扎，却收效甚微。其实并不是男孩难以教养，而是父母没有掌握合理的教养之法，这才导致无法给予男孩阳光的教育。

男孩的成长并不是一蹴而就的，而是需要经历一个漫长的历程，在这个漫长的历程中，父母会遇到很多的迷惑和苦恼，这是很正常的，毕竟父母不是教育专家，很难面面俱到。所以，父母应该将教养男孩当作一门需要深入研究的学问，正确认识到教养男孩过程中遇到问题的症结所在，才能更好地为男孩提供阳光教育，如此方能彰显父母的教育智慧。

如何才能在教养男孩的路上少些辛苦和磨难呢？作为男孩的第一任老师，父母可以从自身出发，用自己优良的品质以及良好的行为习惯等，为男孩提供正向的传递，使男孩在父母的潜移默化的影响下，收获坚强勇敢、乐观自信、阳光快乐、独立自主、积极向上。此外，父母也需要借鉴他人的成功教育经验，结合自家男孩的性格特点，因材施教，用自己的耐心、恒心和爱心，陪伴小王子们成长为顶天立地的好男儿。

我们都知道，好的教养，能为男孩自信阳光的成长提供充足的养分，能帮助男孩在成长之路拥有经历风雨的勇气和能力。

《教养力：给男孩阳光教育》以“阳光教育”为视角，为父母们提供较为全面的教养技巧和方法，并以有代表性的亲子教育案例为辅助，希望通过理论与实践的相结合为父母的教养男孩之路添砖加瓦。

相信，父母可以通过自己的耐心、恒心、爱心，以及行之有效的阳光教育法，将男孩教养成为一个搏击长空的强者，一个成功和卓越的男人。

目录

第一章
所谓高级教养，就是让男孩按照生命规律成长

幼儿期、儿童期、青春期，是男孩生命成长的规律，在男孩的每个不同时期，都有不同的特质，需要父母用心去了解和认识，以高级教养的方式助力男孩健康快乐地成长。

0~6岁幼儿期，父母越关注，男孩越给力

在现实生活中，常常会出现这样的场景：0~6岁的男孩明明自己玩得好好的，可是突然看到父母出现，就会扑向父母，开始哭泣或撒娇。许多父母看到这一幕后，往往非常不理解，甚至会觉得很烦躁，认为孩子太娇惯。

事实上，0~6岁的男孩有这样的表现十分正常，因为对于男孩来说，0~6岁的幼儿期是他们人生的第一个阶段，这个阶段的男孩都是依赖性极强的，因此幼儿时期的男孩常常很依恋父母。如果父母能在这个阶段给予男孩一些关注，理解他们依恋父母的这种正常心理需求，那么男孩的成长过程会更加顺利。

众所周知，男孩在幼儿时期，往往还不具备明确表达的能力和控制情绪的能力，当他们饿了、渴了、尿了或者当他们感觉到不开心的时候，他们通常会用哭闹的方式来进行表达，而面对孩子的这种哭闹，父母如果能经常关注和教育男孩，常常与男孩交流谈话，男孩不仅会获得足够的关爱和安全

感，同时还能学会更多的说话技巧。这是非常有利于男孩的大脑发育的，进而帮助男孩在将来更好地处理人际关系，更好地融入社会。

相反，如果父母在男孩0~6岁的时候，不能很好地关注、关爱和教育男孩，常常因为不能很好地控制自己的情绪而打骂男孩，那么男孩很有可能变成一个性格懦弱或是暴躁的人。

要知道，在男孩的幼儿时期，父母的关注、爱护以及教育将会对男孩的一生起着至关重要的作用。美国的一项研究结果就是最好的证明：许多少年儿童，甚至是成人的性格和行为问题，都与他们在0~6岁时期是否得到父母的更多关注、是否从父母那里获得安全感有关。

因此，父母要在男孩的幼儿时期充分地给予男孩关注，这样男孩才能成为一个给力的人。那么，在男孩0~6岁幼儿时期，父母具体应该怎么做呢？

（1）多关注男孩，当他们有需求时及时回应。

父母应该关注男孩的情感表达。一般来说，0~6岁的男孩通常会以哭闹的形式来表达自己的需求，那么此时，对于这种哭闹，父母应给予充分的理解，而并非厌烦。并且，当男孩用哭闹的方式来表达需求的时候，父母应该抛开手机、电视或者手头正在做的事情及时地关注他们的需求：对于男孩正确的、能满足的需求，父母应该尽量及时满足；对于那些不合理的或者无法满足的事情，父母则应该坚决地告诉男孩“爸爸妈妈做不到”，与此同时，也可以通过讲道理或者转移注意力的方法来避免男孩哭闹。

总之，父母必须清楚地认识到，对于0~6岁的男孩而言，他们的安全感和信赖感主要源于父母。如果男孩的哭诉经常被父母忽略，或者男孩的需求未能得到满足，那么男孩就会没有安全感。

（2）父母的陪伴很重要。

反思一下，作为父母，你是不是经常忙于工作而忽视了男孩？要知道，父母的陪伴是任何人都无法替代的，因此在男孩建立安全感的关键期，父母应该尽可能多地陪伴男孩。

此外，在陪伴男孩的时候，父母还应注意管理好自己的情绪，因为男孩对于父母的情绪变化往往是非常敏感的，如果父母心情愉悦，那么男孩也会感觉轻松愉快；反之，如果父母愁眉苦脸，那么男孩也会感觉压抑难受。所以，作为父母，我们要把快乐积极的情绪传递给男孩，而不能把消极负面的情绪传递给男孩。

（3）多些理解，少些说教。

幼儿期的男孩是很难理解父母所说的一些道理的。下面的晨晨就是如此：

晨晨睡了午觉醒来，发现妈妈不在家，便开始哭闹着要找妈妈，爸爸安慰道：“晨晨乖，妈妈去参加临时会议去了，还有几个小时就回来了，不哭了！”而晨晨却对爸爸的话毫无反应，仍然哭个不听。

要知道，幼儿期的男孩对妈妈是非常依赖的，在他们的意识里根本不懂什么是“参加临时会议”，更不知道“几个小时”是多久，他只知道妈妈不在他很难过。因此，在面对幼儿时期的男孩时，父母应该多些理解，少些说教和解释。

总而言之，0~6岁的男孩是需要父母的充分关注的，父母给予男孩越多的关注，男孩便越有安全感，将来便会越自信，越给力。

7~12岁童年期，为男孩的良好习惯定根基

男孩从7岁开始便进入了他人生的第二个阶段——童年期。在7~12岁这个童年时期，男孩开始有了较强的独立意识，不再和以前一样，总是喜欢依赖父母。此时，男孩的脾气和秉性都有可能会发生突然的转变，甚至产生强烈的逆反心理；他们不再把自己当成孩子看待，而往往认为自己已经是一个小大人了。

可以说，这一阶段是孩子认识世界、塑造自己的关键时期，也是男孩树立正确三观、培养良好习惯的最佳时期。因此，父母要重视对7~12岁男孩的教育和培养，尤其是良好习惯的教育和培养，为男孩养成良好的习惯打下坚实的根基。

良好的习惯对于男孩的一生来说是十分重要的。习惯能够决定一个人的命运，改变一个人的人生。据社会学家研究发现，在现实生活中，许多成功者之所以会取得成功，其实并不是因为他们比别人更有天赋、更聪明，而是

因为他们拥有更好的生活习惯和处世习惯。很多名人都对习惯的重要性进行过深刻的描述：

心理学家威廉·詹姆士曾说："播下一个行动，收获一个习惯；播下一个习惯，收获一种性格；播下一种性格，收获一种命运。"

思想家培根也说过："人们的行动，多半取决于习惯。一切天性和诺言，都不如习惯有力，即使是人们赌咒、发誓、打包票，都没有多大用。"

中国的某心理学博士在谈到习惯这个问题的时候也表示："'习惯'两个字在起作用，一个人习惯于懒惰，他就会无所事事地到处溜达；一个人习惯于勤奋，他就会孜孜以求，克服一切困难，做好每一件事情。"

……

如果这些关于习惯的言论不能说明习惯对于一个男孩一生的重要性，那么就来看看下面这个真实的故事，相信会对习惯的重要性有着更好的诠释。

苏联的宇航员加加林在几十年前成为世界上第一个成功进入太空的宇航员，他之所以能获得"幸运女神"的青睐，是因为其良好的工作习惯。

那时候，苏联之所以会在20个实力相当的宇航员中选中加加林，是源于一次太空演习。在那次的太空演习中，细心的主设计师发现加加林每次都是脱了鞋后再进入机舱，而其他人都是直接进入机舱。加加林这个细小的好习惯感动了设计师，为他争取了进行试飞的机会，让他最终成为世界上第一个成功进入太空的宇航员。

由此可见，好习惯是男孩成功的基石，也是幸福的基础。因此，作为男孩成长道路上最重要的领路人，父母在对男孩良好习惯的培养和教育上起着重要的作用。

那么问题来了，在男孩的童年时期，父母应该为男孩奠定哪些良好的习惯根基呢？通常，男孩需要培养的良好习惯主要包括以下几个方面：

第一，良好的学习习惯。良好的学习习惯是男孩学习的基础，更是男孩将来成功的基石。在日常生活中不难发现，有着良好学习习惯的男孩通常都会有不错的成绩，而那些学习不好的男孩通常都缺乏良好的学习习惯。

第二，良好的生活习惯。人生在世最基本的课题便是生活，有着良好生活习惯的男孩，他的身心健康和未来的生活也会更有保障。比如按时吃饭、不挑食、不偏食、早睡早起、勤洗手、早晚刷牙等，这些都是男孩需要培养的良好生活习惯。

第三，守时的好习惯。人要立足于社会就需要社交，而社交中最重要的礼仪就是守时。一个不守时的人会给他人留下不好的印象，成为他人眼中不诚信、没有礼貌的人。因此，父母只有培养男孩守时的好习惯，他们才能成为一个让他人信任和尊重的人。

第四，讲文明、懂礼貌的好习惯。讲文明、懂礼貌是为人的最基本素质，也是立足于社会的基本要素。讲文明、懂礼貌的男孩更能受到他人的喜爱，进入社会后也更能受到他人的欢迎和机会的青睐。

总而言之，男孩要想在将来拥有幸福的人生，良好的习惯必不可少。因此，父母就要在男孩的童年时期定根基，培养他们良好的习惯。

那么，父母应该如何做才能为男孩的良好习惯奠定根基呢？

（1）告诉男孩良好习惯的重要性。

通过讲故事、分析相关的例子，让男孩切身体会到好习惯的作用，认识到习惯的重要性。父母通过讲名人故事来教育男孩，加深男孩对习惯重要性的认识。

（2）同男孩一起制定合适的行为规范。

父母可以和男孩一起讨论、制定出一套合适的行为规范。如制定家规、习惯培养目标等。然后将制定好的习惯培养目标分成一个个小目标，逐个培养。

（3）让孩子持之以恒地练习。

父母可以尝试很多方法来培养男孩的习惯，但是，一个行为习惯的养成至少需要一个月的时间，需要分析、评估、引导和持久的训练等，这也是不可或缺的环节。

要知道，一个拥有良好习惯的人，要比没有良好习惯的人更容易获得成功。良好的习惯是男孩未来成长之路上的重大助力，男孩每多一个好习惯，他创造美好未来的能力就会多一分。因此，父母一定要抓住孩子7~12岁童年期这个关键的时期，为男孩的良好习惯奠定基础，也为男孩美好的未来助力。

13~16岁青春期，正确对待男孩爆发的叛逆

男孩从13岁开始便进入了青春期，而青春期也正是男孩爆发叛逆的重要时期。

通常，男孩在13~16岁这个阶段身心都会发生巨大的变化，尤其是生理上的变化，以至于他们在这个阶段喜欢与人争辩，和父母对着干，同时也会变得喜怒无常。很多父母认为男孩在这个阶段变得叛逆，是因为他们变坏了。其实不然，男孩之所以会在13~16岁这青春期阶段变得“不听话”，喜欢挑战父母的权威，爆发叛逆，是因为他们的身心都和从前不同了。

因此，当男孩到了13~16岁的青春期时，父母应该正确地对待他们爆发的叛逆。话虽如此，但有多少父母能做到正确地对待呢？大多数父母或许都和下面的父母一样，在面对青春期男孩的叛逆时，感到困惑和无奈。

在某中学的一次家长会上，家长提得最多的就是关于自己孩子上了中学

后变得叛逆的事。

“我真是要被我儿子气死了。小时候还挺听话的，可自从上了初中就开始跟我对着干，我关心的叮嘱，在他看来成了唠叨，只要我多说几句话，他就开始发脾气，我做这么多还不都是为了他好。”

“我儿子也是，哎，以前学习从来不让我们操心，在家也很听我们的话。不知怎么了，从今年开始，不仅不主动学习了，我们监督他做作业他还烦。不仅是这样，他还常常为了去网吧而逃课。不管我和他爸爸怎么劝导他都没有用，反而更加叛逆。让他多吃蔬菜，他偏偏不吃；让他先做作业再玩，他偏偏一回家就玩，快睡觉时才慢吞吞地开始写作业；让他多去外面运动运动，他偏偏要待在家里上网……做家长的真是‘恨铁不成钢’，这可怎么办啊！”

……

是啊，是什么让从小乖巧听话的男孩变成了常常与父母对着干的“坏”男孩呢？

其实男孩逐渐出现这些行为，正是因为他们到了青春期，出现了叛逆的表现。

处于青春期的男孩，更渴望自己的事情自己做主，他们认为自己长大了，不愿意继续被父母管辖和控制，他们渴望“自由”。如果父母在男孩青春期的时候，仍然用小时候的教育方式，处处管着他们，事事干预他们，势必会引来男孩的反感。于是男孩便会用自己的方式来达到“自由”的目的，那就是叛逆，和父母对着干。

事实上，男孩不仅需要父母对他们生活需求上的关爱，更需要父母对他们心理需求上的关爱。因此，父母应该在男孩青春期的时候多用心去感受他们的心理变化，依据男孩的心理需求特点，要站在男孩的角度进行适当的、合理的教育。

男孩在进入青春期后，他们接触的事物与知识面与小时候有很大的不同，父母曾经的教育方式已经无法适应青春期的男孩。因为，男孩在小时候，自主能力较差，很多事情需要听从父母的安排，小时候的男孩也很难反抗和拒绝父母的安排与决定；而长大后的男孩有了独立自主的能力，他们很清楚自己要的是什么，他们会对父母不合理的安排与决定进行反抗。而大多数父母无法适应男孩的这种变化，会感到无奈和彷徨。

虽说父母对男孩所有的教育都是出于爱，毕竟“可怜天下父母心”，但是很多时候父母在面对青春期男孩时，采取了不恰当的教育方式。如一味地责骂、训斥等，希望男孩改正自己的错误和缺点，然而这样粗暴的方式却没有起到父母期望的效果，反而适得其反，引起了男孩的叛逆。

父母若想让青春期的男孩不再和自己对着干，就要正确地对待他们的叛逆，不妨试着从青春期男孩的心理特点、心理需求以及成长变化三个方面入手，去改变男孩容易躁动的情绪，抚平他们的叛逆。

（1）不要命令，要商量。

对于青春期的男孩什么该做、什么不该做，父母不要用命令的方式告知他们，而是应该尊重男孩的意见，与男孩商量。比如在男孩遇到问题的时候，父母不要直接帮男孩做决定，让男孩怎么做，而是应该问问男孩有什么想法，打算从哪方面入手；当了解了男孩内心的真实想法后，再与男孩一起探讨和沟通，引导男孩做出理性的分析和判断，看看哪些想法是不恰当、不成熟的；接下来父母可以针对男孩这些不恰当、不成熟的想法提出自己的意见，并询问男孩是否愿意接受自己的意见与建议。

相信，对于有一定认知和判断能力的青春期男孩来说，他们应该是愿意采纳并接受父母的有效可行的意见与建议的。如此一来，既能起到正确引导和教育男孩的目的，又能避免与男孩发生冲突，激起男孩的叛逆心，岂不是一举两得。

父母给予男孩发表自己意见的权利，便是给了男孩空间和自由，有利于男孩成长。但需要注意的是，父母在给予男孩空间和自由的同时，要与男孩商议原则和规范，告诫男孩要“言必信，行必果”，与父母约定好的事情就一定要做到。

总而言之，父母应学会以一种商量的方式来解决男孩成长中所遇到的问题，哪怕商量的最终结果是失败也没有关系，它至少增加了亲子关系的沟通和交流，为日后拉近彼此距离、实施家庭教育奠定了基础。父母千万不要错误地以成人的思维方式去处理男孩的问题，不然到最后不仅问题得不到解决，还容易失去与男孩交流的机会，增加男孩的心理负担。

（2）旁敲侧击，了解男孩内心的真实想法。

13~16岁的男孩基本已经上了中学，与父母相处的时间比以前要少得多。在这个阶段，男孩会变得更有主见，他们有自己的想法，而此时父母对男孩的了解越来越少。因此，爆发诸多矛盾是在所难免的，以至于男孩变得叛逆，事事与父母唱反调，不愿意跟父母诉说自己的心声。

但是，父母如果能从老师、朋友、同学等那里打听男孩的情况，以旁敲侧击的方式了解男孩的心声，那么便会找到和男孩之间出现矛盾的原因所在，这样就能有的放矢地处理好和男孩之间的矛盾，男孩感受到父母对自己的关心和理解，叛逆自然也会少了。

（3）男孩吃点“苦头”也无妨。

青春期正是男孩拥有主观意识的关键时期，犯错是在所难免的，所以，父母应该允许男孩犯一点错、吃一点亏，不要过多地干预和束缚男孩的手脚。

比如，有的男孩在寒冷的冬天“要风度不要温度”，坚持穿风衣，不穿毛衣、棉裤、棉鞋，父母阻拦无效后也不用太心急，大不了就让男孩挨几次冻，等男孩冻感冒了，吃过苦头了，他自然就能明白父母的良苦用心。正所谓“吃一堑，长一智”，当男孩历经了种种，吃过苦头后，他便不会再对父母的意见与建议不加考虑地一概拒绝了。

总而言之，男孩进入青春期后，由于身心的巨大变化，爆发叛逆是在所难免的，父母应该正确地对待男孩的叛逆，多给男孩一些理解。要知道“支持比压制更受欢迎，商量比命令更容易让男孩接受”，父母只有多给予男孩理解和支持，. 男孩在成长的过程中，才会少些暴躁，少些叛逆，多些快乐。

独立意识萌芽期，过度教养让男孩失去了生存力

当男孩开始有了独立意识，父母就应该学会放手，培养男孩的独立能力，为他们将来生存力的培养做好准备。然而很多父母却忽视了对男孩独立能力的培养，即使男孩已经萌生了独立意识，父母们仍然对男孩过度养育。

什么是过度养育？所谓过度养育，是指父母在男孩的成长过程中干涉过多，导致双方的生活都受到了一定的影响。过度养育的男孩会有很强的依赖心理，这样的男孩通常缺乏基本的生存能力，将来也不会有什么大作为。

下面案例中的张俊凯就是因父母的过度养育而失去独立生活能力的男孩，希望能对父母们有所警示。

已经年过30岁的张俊凯，曾经是传说中的“别人家的孩子”，学生时代可谓是“学霸”，不仅考上了名牌大学，还是学校里的风云人物。

然而这样优秀的男孩，却在“三十而立”的时候，整天游手好闲，不挣

钱、不工作，只靠着父母来养活。张俊凯之所以沦落为“米虫”，是源于对父母的过度依赖，他从小到大所有的事情几乎全部由父母包办。

张俊凯以优秀毕业生的身份从大学踏入了社会，激烈的就业竞争压力让张俊凯有些吃不消，然而屡次碰壁的张俊凯却像个没事人似的不着急，反而是他的父母急得像“热锅上的蚂蚁”，他们不停地奔波在各大招聘会，想为儿子找到好工作，可这些原本应该是张俊凯自己做的事情。

因为父母的一手操办，张俊凯便安逸地待在家里等工作消息，无所事事。在他看来父母总能帮他解决问题，所以对成家立业毫无紧迫感。就这样，父母一直忙碌着帮他找工作、帮他介绍女朋友，而张俊凯却像个外人，安心地吃父母的、喝父母的。

试想一下，即使他再优秀，但有哪个企业愿意招聘这样一个事事靠父母的成年“男孩”呢？又有那个女孩愿意和这样一个只会“啃老”的“巨婴”过一辈子呢？因此，年过30岁的张俊凯仍然过着得过且过的日子，事事依靠父母，这让他的父母感到筋疲力尽，疲惫不堪。

正所谓“播下行为的种子，就会收割习惯；播下习惯的种子，就会收割性格；播下性格的种子，就会收割一种命运”。所以说，男孩长大后是什么样子，是否能独立，完全是他父母当初的教育方式所致。

很多父母在男孩的成长过程中，插手过多，甚至事事包办，过度养育。尤其是在男孩独立意识萌芽的时期，仍然不愿意放手，使得男孩的独立意识被扼杀在摇篮之中。这样的男孩在长大后会成为一个没有主见的人，他们在遇到困难和抉择的时候，首先想到的是找父母帮忙解决，而不是自己解决。要知道，竞争是残酷的，对于一个从小缺乏主见、创造力、主动性、责任感及抗压能力的男孩来说，他们是很难融入和适应社会的。

父母在男孩该学会独立的年纪选择过度养育他们，这其实并不是爱，而是对男孩的一种伤害，会让男孩失去独立自主的生存能力。因为，一个人的依赖性一旦形成是很难再改变的。一个男孩从小生活在父母的过度养育中，事事由父母包办，他便会逐渐形成依赖性，即使长大成人也会在遇事时选择依赖他人，这样又如何立足于社会？如何自我生存呢？

或许很多父母并不想自己的孩子变成一个事事只会依赖他人的人，但是出于“爱”男孩的本心，他们又不敢放手。于是父母希望男孩独立的“理想”便成了空想，男孩在父母不知不觉的过度养育中慢慢形成了依赖的心理。

通常，父母养成男孩依赖心理的过度养育行为主要表现为以下三种：

第一，总是害怕男孩受到伤害，遇到危险，于是父母过度保护；

第二，总是担心男孩没有足够的能力应付困难，于是父母过度帮助；

第三，总是担心男孩因为没有足够的经验而走错路，于是事事替男孩做决定。

要知道，男孩的成长是需要经历的，没有经历他们怎么会一步一步学会独立呢？正如花朵一样，要经历风雨的洗礼与阳光的照射才会绽放。所以父母应该放下自己的过度养育，学会放手，成全男孩独立意识的萌芽，成全男孩慢慢独立地成长，成全男孩找到属于自己的一片天地。

父母对男孩事无巨细的照顾，对男孩完美的高期待，都将成为男孩真正“成人”的障碍，成为他们独立面对世界、找到自我、独立生存的障碍。

一位日本教育家曾说：“让男孩接触一些从不知晓的新鲜事物，不仅可以增加他们的体验感与知识面，而且借此机会还可以培养孩子的持久力和忍耐力，养成面对困难与挑战的坚毅个性。”的确如此，男孩需要做从未接触过的事情，才会成长。

父母不应该让自己成为男孩的“保姆”“靠山”和“保护神”，而是应该放手，从男孩萌生独立意识时开始，让男孩学会独立行走，虽然男孩在学习的过程中会摔跟头，但他们会在摔跤的过程中逐渐掌握生存的能力与技巧，只有这样他们将来才能逐渐适应如今的社会，才能有在激烈的竞争中生存下来的能力。

美国华盛顿大学曾经做过这样一项研究，最终的结果表明：那些被过度养育出来的大学生，成人后会对家庭生活不满意，心态悲观，而且罹患抑郁症的概率也会高于其他人。因为没有主见的他们在踏入社会后，会难以承受严峻的生活考验与就业压力，缺乏最基本的生存能力，甚至都不能养活自己。

这是父母们想要的结果吗？答案是否定的，世上应该没有希望自己的男孩将来一事无成、碌碌无为的父母吧。既然如此，那么，父母就应该教会男孩独立，而不是用过度教养的方式把他们变成依赖他人的人，这样他们将来才会有独立生存的能力。

那么，父母怎么做，才能让男孩在将来拥有独立生存能力呢？

方法很简单，那就是学会放手，从男孩产生独立意识萌芽的时期开始，就让男孩学会"自己的事情自己做"，这才是父母对男孩的人生应该负责的态度。要知道，"巨婴"不是一天就能养成的，飞天的凤凰更不是。父母只有学会放手，在男孩萌发独立意识的时候，让男孩学会自己的事情自己做，他才会在做事的过程中培养思考的能力，训练解决问题的能力，才能掌握生存技能，慢慢地学会承受社会各界的压力，并懂得权衡利弊，在逆境中迎难而上，在迷茫时坚持初心，勇于面对一切困难和挫折。

在男孩的成长中，尤其是在他们开始萌生独立意识的时期，什么样的养育方式才是最正确的，借用泰戈尔的一句诗来回答；"让我的爱，像阳光一样，包围着你，又给你光辉灿烂的自由"。

第二章
补给男孩心理营养，让男孩的情感世界充满阳光

对男孩而言，他们需要父母充分地补给心理营养，如同花儿需要大自然补给的空气、阳光、水分、无机盐等营养一样，男孩需要父母的尊重、重视、欣赏和关爱。男孩有了充足的心理营养，他的情感世界才会充满阳光，他的成长之路才会更顺利。

男孩也有小情绪，为男孩提供释放的契机

成人在情绪来临的时候都无法避开，男孩同样如此，甚至更容易被情绪左右，因为男孩的内心要比成人更加脆弱。由于男孩的人格还未健全，使得他们无法有效地调整自己的心态，所以，在情绪来临的时候，男孩需要的是释放，否则会影响他们的身心健康。

然而，很多父母却没意识到帮助男孩释放情绪的重要性，下面这位妈妈就是如此。

六一儿童节，乐乐和妈妈一起去玩，碰巧商场外正在举办一个儿童节活动，现场的小朋友只要上台表演节目，都可以得到一份礼物。在台下观看节目的乐乐跃跃欲试，因为他学街舞也有段时间了，妈妈起初也是同意让乐乐上台表演。

“好，谢谢刚才那位小朋友的表演，还有哪位小朋友想上台表演？”主

持人的声音刚落，很多孩子都举手了，其中不乏和乐乐差不多大的男孩，当乐乐也准备举手时，妈妈却拉住了乐乐的手说：“你先等其他小朋友表演完了，再上去。”妈妈觉得乐乐跳的街舞应该是所有小朋友中最棒的，想让他最后上台表演。

然而，乐乐却有些不高兴了，他是真的想上台。接下来，有好几次乐乐都想举手上台表演，但都被妈妈拦下了。

“我们的最后一个表演秀，哪个小朋友愿意上来？”然而，主持人的话音刚落下，天空突然下起了大雨，这场露天活动被迫中止，妈妈也只能带着乐乐跑到室内。

可是自从进入室内后，乐乐就再也没有笑过，还时不时地抱怨妈妈没有早点让他上台。妈妈听乐乐一直抱怨，也生气了：“我给你买你喜欢吃的零食还堵不住你的嘴？你再嘀嘀咕咕，我们今天就不玩了，马上回家！”

乐乐因为妈妈的发火安静了下来，妈妈这才觉得乐乐听话了。但是接下来的几天乐乐一直都闷闷不乐，也不怎么搭理妈妈，要知道，乐乐从前可没有出现过这样的情况。

很多父母认为，男孩与父母或其他人产生矛盾是很正常的，就算出现抱怨、生气，或是大哭大闹等情绪也很正常，于是这些父母在面对男孩的各种不良情绪时都不为所动，有的甚至和乐乐妈妈一样，一味地压制男孩的情绪，使其无法发泄出来。殊不知，这样做的后果就是，男孩会长期压抑着自己的不良情绪，从而无法发泄，最终可能影响男孩的身心健康。

作为男孩最亲近的人，父母在面对男孩的情绪时，要做的应该是为男孩提供释放的契机，引导男孩正确地释放自己的情绪，而不是采取简单粗暴的方式阻碍男孩发泄。

如果父母在男孩每次有情绪时，能正确地引导男孩释放情绪，久而久之，男孩也会慢慢学会释放和控制自己的情绪，进而变得更懂事。与此同时，男孩也会更加信任父母，更能听进父母的建议。

因此，与其遏制男孩的情绪，还不如为男孩提供释放的契机，引导男孩正确地释放自己的情绪。帮助男孩释放情绪的方法有很多，下面几个方法值得一试。

（1）不满和委屈要说出来。

男孩在遇到让自己不满或者委屈的事情时，父母不妨让他们说出来。父母要让男孩知道，只有把憋在心里的不满和委屈说出来，心情才会变得更轻松。

比如，让男孩找自己的朋友或同学倾诉，即使得不到朋友或同学实质性的帮助，但说出来后，身心也会变得轻松一些。有些时候或许男孩不愿意让他人知道，此时可以用写日记的形式“说”出来。总之，把憋在心里的委屈和不满说出来，内心就不会那么压抑，当心情放松了，委屈和不满的情绪也就没有那么可怕了。

（2）时常带男孩亲近大自然。

当父母发现男孩闷闷不乐的时候，不必急于询问原因，可以带男孩去亲近一下大自然，去公园玩耍、爬山等，都是不错的选择。可以在亲近大自然时当着孩子的面冲着大山或大河呐喊，然后告诉孩子：“爸爸也会遇到不开心的事情，但是每当我爬到山顶上大喊几句后，心情就会舒畅得多，要不你也试试？”

当男孩感受到父母无形的关心，并学着爸爸的样子呐喊后，情绪会舒缓很多，此时的男孩更愿意主动向父母倾诉最近一段时间不开心的原因。

（3）为孩子准备“发泄工具”。

有专家通过实验发现，粗笔涂鸦、投掷小飞镖、投篮、跑步等都非常有利于男孩释放自己的愤怒情绪。父母不妨为男孩准备一些“发泄工具”，如飞镖盘、篮球、涂鸦工具等，让男孩在出现愤怒情绪时玩玩这些“发泄工具”，这样，他们的怒火会慢慢地平息下来。

（4）男孩的情绪发泄，需要父母的拥抱。

父母是男孩最坚实的依靠，也是男孩最亲近、最信任的人，不管男孩的情绪源头是否来自父母，他们都需要父母的安慰和鼓励，因此父母的拥抱是很有必要的。

当男孩需要发泄情绪时，他们的内心是最为脆弱的，此时父母的拥抱会让他们感受到爱的力量，父母拥抱时说一句“爸爸妈妈一直在你身边，我们相信你可以的”，或是“虽然这件事让人难过，但让人温暖的事更多”等等，会让男孩感受到亲情的温暖，他们也会变得乐观开朗起来，进而更好地学着释放情绪。

所以，当男孩出现不良情绪时，父母应该为男孩提供释放的契机，帮助和引导男孩正确地释放自己的情绪，只有这样才是为男孩减轻心理负担的正确方式。

多些耐心，倾听男孩内心的声音

喜怒哀乐是人之常情，当出现喜悦情绪的时候，人们总是希望身边能有个人倾听，一起分享自己的喜悦；当出现悲伤情绪的时候，人们也希望身边能有个人能倾听，减少自己的悲伤；当出现愤怒情绪的时候，人们更希望身边能有个人能倾听，熄灭自己的怒火。

当情绪来临的时候，成人需要人倾听、分享，男孩亦是如此。男孩也是独立存在的个体，也有自己的喜怒哀乐，但由于男孩不成熟的心智以及敏感的内心，那些在父母看来微不足道的小事，也会让男孩无限地扩大自己的喜怒哀乐。

“我家康康，因为一点点不如意的小事，闷闷不乐好几天了。”

“我儿子，动不动就把自己关在房间里，什么都不跟我们说。”

“因为儿子说他学会了一支街舞，我没有表扬他，他就跟我发脾气。”

……

常常听到父母们诸如此类的抱怨，其实，如果父母能够把男孩当成一个独立的个体，尊重他们的喜怒哀乐，耐心地倾听他们的心声，或许会对男孩多一些了解和理解，也就不会对男孩有那么多的抱怨了，反而能更好地与男孩相处，更好地教育男孩。

其实，当父母抱怨男孩时，男孩也在抱怨父母，抱怨父母总是不能理解自己，从来不能认真地听完自己说的话，甚至觉得自己说的话无关紧要，这让男孩的内心很受伤。

事实上，很多父母认为的小事在男孩看来就是天大的事，男孩的喜怒哀乐是需要有人倾听、有人分享的，否则他们会觉得自己是不受父母重视的，久而久之，自己的不良情绪就会被无形地放大。

作为男孩最亲近的人，父母的耐心倾听是男孩最渴望的。男孩开心了想要与父母分享，伤心了想要父母的安慰，生气了想要父母的疏导……其实，很多时候男孩也很愿意将自己的心声袒露给父母，但是往往因为父母的忽视和没有耐心，使男孩渐渐地关闭了自己的心门。

父母想要更好地对男孩进行教育，就必须要了解男孩，如何才能更好地了解男孩呢？最简单直接的方法就是：耐心地倾听男孩的心声与男孩谈心，不带任何偏见地站在男孩的角度倾听，没有打断、没有批评地倾听。

男孩的内心世界其实很简单，他们开心时会将笑容挂在脸上，时不时地想要跟父母说说开心的事；他们生气时总是会发脾气，时不时地发出抱怨的声音；他们伤心时会哭，时不时地想要靠近父母寻求安慰……如果当男孩出现情绪问题，尤其是负面情绪时，父母能及时地发现、倾听，并为男孩疏解，势必能赢得男孩的信任，进而让男孩更愿意向父母打开心门。

例如，男孩在成长的过程中，总会遇到不公平、不合理的事情，此时男孩难免会出现悲伤或愤怒的情绪，苦恼、发脾气也在所难免，如果此时父母能够耐心、温柔地引导男孩说出来，倾听男孩的心声，并给予安慰，那么男孩也会向父母袒露心声。

但需要注意的是，父母在整个过程中不要说太多，最主要的应该是听。因为，在男孩处于负面情绪中的时候，很难听进去父母说的话，尤其是一些企图“纠正”他想法的话，此时父母只需要说一些如“对于这件事，妈妈也很难过”之类的表示关心、赞同的话即可。

只有通过倾诉，男孩的不良情绪才会发泄出来，心情才会好转，同时才会对父母产生强烈的信任感，进而更愿意接受父母的意见和教育。

父母们应该都有这样的感受：用强硬的手段逼迫男孩听话，控制男孩的思想是非常困难的，相反，用心去倾听男孩的心声，更容易让男孩循规蹈矩或是改变固有想法。很多时候，父母耐心地倾听，不打断，也不提任何要求时，男孩反而会更愿意反思自己，进而慢慢地调整自己的心态和想法。

耐心的倾听，可以让男孩更愿意向父母袒露自己的真实想法，让父母更好地了解男孩，进而找到适合的方法引导和教育男孩。同时，耐心的倾听也是亲子关系的润滑剂，使男孩与父母更亲近，增加男孩对父母的信任感，让男孩知道不管自己遇到什么困难，出现什么烦恼，父母会一直体谅和支持自己，进而增强男孩勇于向前的勇气。

所以，为了男孩更健康快乐地成长，父母们不妨放下自己的“权威”，试着去倾听男孩的心声。希望下面几点建议能帮助父母们更好地倾听男孩的心声。

（1）设定专门的倾诉时间。

父母对男孩的爱是无限的。父母用自己的方式深爱着男孩：降温为男孩添衣，放学后为男孩备餐，男孩病了无微不至地照顾……或许父母很少说那句“我爱你”，但是种种行为都体现着父母对男孩深厚的爱。

不可否认父母是爱孩子的，但是迫于日益加快的生活和工作节奏，以及日益激烈的社会竞争压力，父母几乎很少有时间陪男孩，也很少有时间倾听男孩的心声。事实上，倾听孩子的心声是非常有必要的，如果没有太多的时间，父母不妨在每周设定一个专门的时间，不需要太久，哪怕是半小时、一小时，用来倾听男孩的心声。相信通过合理的安排，这点时间是可以挤出来的。

（2）男孩的事再小也是事，父母要认真对待。

家庭教育中，倾听既是重要的沟通方式之一，同时也是尊重孩子的重要表现方式之一。男孩只有感受到父母的耐心倾听，才能感受到父母对自己的认可和尊重，才会向父母敞开心扉，诉说自己内心的真实想法。

然而，很多父母却忽视了倾听的重要性，总是以工作忙为由忽视男孩的诉说，或者以男孩诉说的事无关紧要为由，敷衍男孩，甚至打断男孩的诉说，这无疑会伤害男孩稚嫩的心灵，还会影响亲子关系以及亲子之间的沟通。

试想一下，如果男孩因为一件小事受了委屈，出现不良情绪，而父母却没有当一回事，那么男孩心里的不良情绪就会继续扩大，严重的可能会影响男孩的心理健康。所以父母不能因为男孩的事是小事，就觉得无关紧要而忽视，反而应该认真对待，耐心倾听，才能及时帮助和疏导男孩的情绪。

（3）注意“三要”，才能更好地耐心倾听。

有些父母知道耐心地倾听男孩的心声是非常重要的，也渴望能成为男孩的倾诉对象，但是总是苦于没有机会，因为他们的儿子不愿向他们诉说自己的心声。为此父母也很困惑和无奈。

其实男孩之所以不愿意给父母倾听自己心声的机会，是因为男孩在向父母诉说自己的心声的时候，没有得到自己想要的结果，父母或是不能专心倾听，或是打断，或是没有适时地回应，久而久之，让男孩产生了父母不重视自己、不是真正关心自己的想法，于是他们渐渐地将已经对父母打开的心门关上。

其实，如果父母在倾听男孩心声的过程中能做到以下“三要”，势必能让男孩真正地敞开自己的心扉。

第一，倾听时一定要专注。众所周知，专心地倾听他人说话，是对他人最起码的尊重，男孩同样需要父母的这份尊重。父母只有全心全意地倾听，不要在男孩诉说时做其他的事情，或是想其他的事情，这样才能让男孩感受到尊重，男孩才不会心存戒备，才愿意敞开心扉。

第二，倾听时一定要适当回应。男孩在诉说时，是渴望得到父母的回应的，这样他们才会觉得父母是在用心地倾听，他们才愿意跟父母说更多。如果父母在倾听男孩诉说的时候，没有任何回应，或者做出了错误回应，如当孩子说到课业压力大时，父母回应“压力大是正常的”，那么男孩就会觉得自己的诉说没有任何价值，因为父母给不了自己想要的建议，于是男孩便不再愿意多说。

相反，如果父母在听到孩子说课业压力大时，能回应说：“最近压力大，不如我们周末出去放松一下心情，去游乐场玩或是爬山，怎么样？”这样一来，男孩就会觉得父母是真的在关心自己，想办法为自己缓解压力，于是男孩更愿意有事情就向父母倾诉，也更愿意在缓解压力后努力地学习。

第三，倾听时一定要让男孩把话说完。随意打断男孩的话，不仅会让男孩反感，感受不到被尊重，同时也会让男孩失去继续说下去的欲望，有时甚至会使男孩的自信心受到打击。因此，不管男孩所说的话是否是天方夜谭，父母都应该尊重男孩，耐心地听完。

总而言之，当孩子想要诉说自己的心声时，父母一定要愿意倾听、耐心倾听，如此才能建立起与男孩之间的沟通桥梁，才能走进男孩的内心，了解男孩的真实想法，才能更好地引导男孩的身心向健康的方向发展，男孩才能更顺利地走向未来和成功。

“儿子你真棒”——用积极肯定激发孩子的自我认同

在讲自我认同这件事前，各位父母不妨先看看下面的案例。

幼儿园的家长会上，老师对小杰的妈妈说：“小杰从来没有老实地坐在座位上超过五分钟，我觉得他可能有多动症，你们应该带他去医院检查一下。”听后小杰妈妈并没有说什么。

在回家的路上，小杰好奇地问妈妈和老师的谈话内容，妈妈笑着说：“儿子，你真棒，有进步哦，老师说你以前在座位上坐三分钟都难，现在能坐五分钟呢！”小杰听后开心地又蹦又跳。那天晚上，一直是吃饭困难户的小杰竟然主动吃了两碗饭。

几年后，小学一年级的家长会上，老师单独跟小杰妈妈说：“你们小杰可能智力有问题，不仅是全班倒数第一，而且跟倒数第二名还差了很多分，或许你们应该带他去医院看看。”那天晚上，妈妈同样没有告诉小杰老师的原话，而是说：“老师告诉妈妈，你是考试时粗心了一点，如果下次能再努力一些，不要那么粗心，她相信考到前20名是完全没有问题的。”

于是，总是喜欢睡懒觉的小杰，第二天竟然起得比妈妈还要早，催促着妈妈送他去上学。并且从那天起，小杰的学习再也没有被妈妈督促过。

小杰上初中的时候，一次妈妈去开家长会时，没有听到老师对小杰的批评，但是老师说小杰的成绩是无法考上省重点高中的。回家后妈妈却告诉小杰：“老师非常肯定你的学习成绩，如果你能再努力一点，完全可以考上省重点学校。”

后来，当小杰拿到复旦大学的录取通知书后，第一时间给妈妈打了电话说：“妈妈，其实我都知道，以前你说那么多老师表扬我的话，都是假的，但是我很喜欢听。我知道自己不聪明，是你的那些肯定和鼓励的‘谎言’不断地激励着我努力学习，不断进步。妈妈谢谢你！”

相信很多父母都参加过家长会，回想一下，你们在听到老师对你的儿子产生质疑的时候，你是否和小杰的妈妈一样，仍然微笑着肯定你的儿子，鼓励你的儿子呢?

事实上，大多数父母是做不到的。很多父母在男孩受质疑，或是男孩没有达到父母的期望时总是严厉对待，从没有站在男孩的角度想过他们的感受。

其实，不管是在面对学习和生活的压力，还是在做某些事情的时候，男孩最需要的不是父母严厉的鞭策，而是肯定和鼓励。父母给予孩子适当的肯定和鼓励是有助于孩子建立自我认同的。一个很少能得到父母认同和鼓励的男孩通常都会缺乏自信和自我认同感。

所谓自我认同就是对自我的客观认知和肯定，即认为“天生我材必有用”。一个人自我认同感的建立源于他人的认可和肯定，并随着时间的推移慢慢地积累起来。有了自我认同感，自信和勇气才会随之而来。

男孩只有有了较高的自我认同感，才能拥有健康乐观的心态，以及敢于挑战困难和挫折的勇气。众多事实证明，被父母经常肯定和鼓励的男孩，更自信、更勇敢；而得不到父母肯定与鼓励的男孩，通常自卑、懦弱、怕事，遇到事情也总是不果断。由此可见，男孩的自信和勇气是离不开父母的肯定和鼓励的。

正如哲人詹姆士所说：“人类本质中最殷切的要求是，渴望被肯定。”每个人都是渴望被肯定的，男孩在成长的过程中同样渴望被肯定。父母应该给予男孩赞赏与支持，这样男孩才能有建立自我认同感的原动力。因此，在日常的家庭教育中，如“儿子你真棒”之类的积极肯定和鼓励的话语是必不可少的。那么父母要如何做到对男孩的积极肯定，激发男孩的自我认同呢?

（1）父母对孩子的信任要坚定不移。

父母的肯定和鼓励，来自他们对男孩坚定不移的信任。被父母坚定不移信任着的男孩总是乐观积极的，即使他们面对众多的质疑，也能坦然面对。父母的信任带来的肯定和鼓励的力量是强大的，在面临外界的质疑时，男孩能在父母的积极肯定和鼓励中，变得自信、坚不可摧。可以说，父母对男孩坚定不移的信任，是男孩建立自我认同的源泉。

（2）引导和鼓励男孩相信自己。

男孩的内心远不如成人那样强大，他们脆弱的内心时常会让他们不能坚定自己的想法，因此想要男孩的内心不断强大起来，外界的强化是必不可少的。这就需要父母不断地告诉男孩“你可以”“你要相信你自己”。

（3）及时给予男孩回应和肯定。

男孩在做自己认为很了不起的事情时，总是会向父母展示，此时父母应该及时地给予回应和肯定，这样男孩才会更自信，认为自己很棒，并努力将事情做得更好；反之，如果此时父母用“嗯”“哦”“是吗”“那很好啊”“然后呢”这样的话来敷衍男孩，甚至批评男孩的行为，会打击到男孩的积极性和自信，无疑是在扼杀男孩的自我认同。因此，及时给予男孩回应和肯定是必要的。

其实，激发男孩的自我认同的方式有很多，但是都离不开一个本质，那就是父母的积极肯定。不管用什么方法，只要能不断地激励和肯定男孩，让男孩感受到父母对他的赞赏和支持，男孩的自我认同感就会逐渐增强。

理解嫉妒心理，巧治男孩的“红眼病”

康康的不合群已经成了妈妈的一块心病，并且随着康康年龄的增长更甚。已经上小学的康康总是看不惯比自己好的同学，比如长得比自己帅气、学习比自己好、吃穿用度比自己好的同学，还总是喜欢讽刺那些比自己好的同学，以至于几乎没有同学愿意和康康交朋友。

其实嫉妒心理是康康出现以上行为的罪魁祸首。当一个人没有得到自己想要的，或是自己的欲望没有得到满足时，就会出现不高兴、不服气，甚至怨恨的情绪，于是就产生了嫉妒心理。

“嫉妒者比任何不幸的人更为痛苦，因为别人的幸福和他自己的不幸，都将使他痛苦万分。”巴尔扎克认为，嫉妒会让人痛苦万分。如果男孩长期与嫉妒相伴，他不仅会感到不愉快和痛苦，有时甚至会严重影响男孩的心理健康。

嫉妒之心，人皆有之，只是有强弱之分。其实，嫉妒是一种常见的情绪反应，人从婴儿时期开始就会产生嫉妒这一情绪反应。而随着年龄的增长，男孩的嫉妒心理会变得越来越强烈。这是因为随着男孩慢慢长大，接触的人也会越来越多，于是与他人比较的机会也就越来越多，而男孩缺乏较强的自我情绪管控能力，以及对事物的正确辨别能力，导致他们在受到外界的刺激后，如发现自己有不如其他人的地方时，就会出现嫉妒这一情绪反应。

虽然男孩产生嫉妒心理很正常，但是如果父母不加以引导，任由其发展下去，会使男孩认不清客观事物，对事物或他人产生偏见，这既不利于男孩正确价值观的形成，同时也不利于男孩社交能力的培养。所以，男孩的嫉妒心理不容忽视。

想要驱散男孩的嫉妒心，治好男孩的“红眼病”，父母首先要了解嫉妒心理，找到男孩嫉妒的症结所在。通常，引起男孩嫉妒心理有以下四方面的原因：

一是父母对男孩过高的期望。一旦父母给予男孩的期望过高，而男孩又没有达到父母的期望，父母为了激励男孩，就会将男孩与其他孩子做比较，但最终不仅没有起到激励的作用，反而激发了男孩的嫉妒心理。

二是父母嫉妒心理的影响。有些父母本身就存在嫉妒心理，并无意识地将它展现在男孩面前。比如父母想买一辆新车，但是一直没有实现，就会在家里说：“某某买了一辆宝马，哼，以他的能力，哪能买得起？肯定是啃老族。”诸如此类的话会潜移默化地影响男孩的心理，当男孩看到其他小朋友有一个自己想要却没有得到的新物件时，嫉妒心理就产生了。

三是男孩被冷落。很多时候，当男孩看到其他孩子很受欢迎，而自己被冷落时，也会产生嫉妒心理，讨厌那些受欢迎的孩子。

四是缺乏自信。有时，缺乏自信也会导致男孩滋生嫉妒心理。

通常来说，男孩容易在样貌、才能、家庭环境、学习、人际交往等方面产生嫉妒心理。为了男孩的身心健康成长，为了让男孩成为一个心胸宽广的男子汉，为了男孩在未来拥有顺利的社交之路，父母千万不要忽视这些容易让男孩产生嫉妒心理的小事，要帮助男孩驱散他们的嫉妒心理，治好他们的“红眼病”。

当然，也有很多父母清楚地知道嫉妒心理的严重危害，但是却苦于没有办法可循，或是直接以强硬的手段扼制男孩的嫉妒心，这样的做法是不可取的，甚至会适得其反。其实，嫉妒心理是可以通过一些简单的方法化解的。

（1）父母要以身作则。

很多时候，男孩的嫉妒心理是受到父母影响的。父母只有做到摒弃自己的嫉妒心理，或是不要在男孩面前做出嫉妒他人的行为，男孩才不会有样学样，自然也能在一定程度上避免出现嫉妒心理。

（2）发现并欣赏男孩的闪光点，杜绝将男孩与他人对比。

每个男孩都有自己的闪光点，父母应该欣赏这些闪光点，而不是只看到其他孩子的优点，一味地将男孩与其他孩子做对比。如果父母常常拿男孩的缺点与其他孩子的优点做对比，无疑会在男孩的心中埋下嫉妒的种子。

因此，父母应该多发现和欣赏男孩的闪光点，同时对男孩的缺点要加以引导，教孩子客观地看待自己的缺点，引导男孩用欣赏的眼光看待其他孩子的优点，并学习其优点，而不是一味地嫉妒。

（3）积极肯定男孩，助其树立自信。

缺乏自信也是男孩产生嫉妒心的原因之一。在日常生活中，父母千万不要否定男孩，打击男孩的自信，很多时候，自卑的男孩为了寻求心理平衡，很容易打击或贬低其他人，嫉妒心理也就随之而来。

因此，父母应该时常用积极的话语肯定男孩，助其树立自信，男孩有了自信，也会变得积极开朗，从而能正确看待和学习他人的优点，而不是被嫉妒蒙蔽双眼。

（4）倾听男孩心声，对症下药。

当男孩出现嫉妒心理的时候，父母不要一味地打压、扼制。而是应该静下心来与男孩沟通，引导男孩说出自己的真实想法，从倾听中找到男孩嫉妒的症结所在，对症下药。只有了解和理解男孩的内心，才能更好地引导男孩从嫉妒的阴霾中走出来。

（5）引导男孩客观地认识自我。

男孩的嫉妒源于自己想要的东西没有得到。事实上，人想得到的东西很多，但是真正能得到的却很少，因为很多东西都是不切实际的，或者并不是自己真正想要的。所以，父母应该引导男孩正确客观地认识自我，搞清楚自己真正想要的是什么。只有这样男孩才不会因为一些不切实际的小事而感到悲伤、愤怒，甚至嫉妒。父母要让男孩认识到别人拥有的东西或许并不是自己真正想要得到的，也许并不适合自己。这样才能避免男孩因为没有得到而产生嫉妒心理。

总而言之，当男孩被嫉妒心理所困扰的时候，父母要理解嫉妒心理，正确地引导和帮助男孩摆脱嫉妒心理的束缚，巧治男孩的“红眼病”，让男孩健康快乐地生活。

正确引导比较心理，淡化男孩的虚荣与攀比

虚荣，从心理学的角度来看，其实就是一种自尊心的扭曲，而攀比则是虚荣的产物。一个人如果有过于强烈的自尊心，那么他的内心势必会滋生出虚荣与攀比，这是一种心理和性格的缺陷。

很多人都存在一些虚荣与攀比心理，男孩更甚。随着年龄的增长，男孩接触的人和事会越来越多，与人做对比的机会也越来越多，自尊心便随之不断增强。但是，这种日益增强的自尊心是不正常的，因为这种自尊心已经被虚荣和攀比所“污染”。

虚荣从何而来？虚荣源自对表面光彩的欲望。爱慕虚荣、喜欢攀比的男孩常常无法客观正确地认识自我，即使是不属于自己的荣耀，也会据为己有；爱慕虚荣、喜欢攀比的男孩常常害怕被人看不起，而在经济条件不允许的情况下，与他人攀比穿名牌；爱慕虚荣、喜欢攀比的男孩常常会在不懂的事情上，装作是“专家”；爱慕虚荣、喜欢攀比的男孩常常只能接受表扬，

而不能接受批评……

生活中，很多父母都因男孩爱虚荣和攀比而感到苦恼。

小军要求妈妈去参加家长会时，一定要穿新买的裙子并化妆。

涛涛回家后总是有意无意地跟妈妈说班上哪个同学新买的名牌鞋子很好看之类的话，要求妈妈给他买。

轩轩的同桌有了一个新的文具盒，他回家后便向妈妈提出买新文具盒的要求，即使他的文具盒才买了不久。

浩浩在参加了同学的生日会后，强烈要求妈妈在外面给他办生日会，KTV、公园、酒店，都可以。

……

诸如此类的男孩攀比事件比比皆是，很多父母在面对男孩的虚荣和攀比时，变得无所适从，不想助长孩子的虚荣攀比气焰，但又不知道怎么样拒绝才合理。这是因为父母没有充分地了解和认识攀比和虚荣。

其实，“比”是人的本能，从某种程度上来说，男孩在成长的过程中，“比”是必然存在的，但是需要把握一个度。如果过于盲目地跟风比较，会使男孩失去自我，找不到正确的方向，久而久之，会变得虚荣和爱攀比，最终酿成不可挽回的局面，如为了得到自己想要的东西而不择手段，甚至走上犯罪的道路。

虚荣和爱攀比的男孩往往把得与失看得很重，他们常常只看得到别人拥有而自己没有得到的东西，而看不到自己拥有而他人没有的东西。长此以往，男孩的内心必然烦恼多于幸福。

男孩产生虚荣和攀比心理的原因有很多。

第一，父母的溺爱。有些男孩家里的经济条件其实并不优越，但是父母过于要强和溺爱男孩，总是担心孩子会被他人看不起，所以宁愿自己省吃俭用，也要对男孩有求必应。父母的出发点是爱孩子，但过度的爱也成了男孩产生虚荣和攀比心理的“罪魁祸首”之一。

第二，父母只给了男孩物质上的关爱。很多父母因为工作繁忙，而无暇顾及男孩，只能将男孩交给老人照顾，给孩子提供的关爱也仅仅是物质上的。精神关爱的缺失使得男孩只能通过对物质的追求，来满足自己内心对关爱的渴望，久而久之，男孩的虚荣和攀比心理会不断地扩大。

第三，父母的影响。有些父母自己也有一颗虚荣攀比的心，常常在男孩面前表现出一些虚荣和攀比的行为，如喜欢买名牌，给孩子物质奖励；喜欢将男孩与他人比较；喜欢在外炫耀自家的财富、身份、地位等。这无疑会给男孩带来负面的影响，男孩会有样学样，渐渐变成一个爱慕虚荣的孩子。

此外，男孩不够强大和敏感的内心，也是助长虚荣和攀比气焰的重要原因。

被虚荣和攀比所累的事例太多了，互联网上因虚荣和攀比而最终走上歧途的新闻比比皆是，无不警示着父母。因此，父母要将防范男孩产生虚荣和攀比心理作为家庭教育的重要内容之一，引导和帮助男孩远离虚荣和攀比心理，以下方法值得借鉴。

（1）父母首先要改变自己虚荣和攀比的习惯。

所谓“言传身教”是指，要想男孩不虚荣、不攀比，父母首先要以身作则，先改掉自己的虚荣言论和攀比行为。不要再无限制地给男孩买名牌衣服；不要再在男孩面前谈论谁换了新车，谁买了第二套房；不要常常把“你看看人家孩子……”挂在嘴边。只有父母的言传身教，男孩的虚荣和攀比心理才不会有滋生的养料。

（2）让男孩客观地对待“荣誉”。

所谓的“荣誉”，应该是靠自己的真实实力和努力得来。对于男孩来说，要取得好成绩，获得“荣誉”，不应该弄虚作假，否则赢了也是不光彩的。父母要让男孩知道，为了面子，而用不光彩的手段，是“打肿脸充胖子”的行为，一旦被人发现，不仅会丢了面子，还会受到他人的鄙夷。

因此，父母应该教会男孩客观正确地看待“荣誉”，不要因过度看重“荣誉”，而让自己变得虚荣。

（3）引导男孩正向攀比，使其变成前进的动力。

有竞争意识，男孩才会想要攀比。父母可以巧妙地利用男孩的竞争意识，将其攀比心理引到正途上，父母把男孩在物质上的虚荣和攀比，转移到学习以及良好习惯上。这样一来，不仅能避免虚荣攀比给男孩带来的负面影响，还能为孩子的学习以及良好习惯的培养提供动力。

比如，当男孩在学钢琴的时候，不要总是说男孩弹得不如别人好，而是应该说：“妈妈以前也学过，但是现在基本都忘记了，以后妈妈要找你当老师，你教妈妈，好不好？”这样一来，男孩一定会为了做好小老师而努力地练琴，如此既满足了男孩的自尊心，也达到了让男孩努力认真学习的目的。

（4）培养男孩的“平常心”。

如果男孩能时刻保持“平常心”，就能从容地面对一切，如无法拥有他人拥有的东西，如他人比自己优秀等。这样一来，自然就不会那么在乎自己的得失以及他人是否比自己优秀了，虚荣和攀比心理也就不会出现。

总而言之，男孩的虚荣和攀比心理不是洪水猛兽，父母不要因为男孩的虚荣和攀比心理而感到紧张和害怕；同时男孩的虚荣和攀比心理也不容小觑，父母也不能视而不见。当男孩出现虚荣和攀比心理时，父母要做的应该是从容面对，积极引导，这样才能让男孩远离阴暗，让生活充满阳光。

远离自负，男孩不再偏执

有些男孩会在自己取得一些较好的成绩后，产生自负情绪，这是由于男孩过强的好胜心所致。

李超就是这样一个有着自负心理的男孩。

作为班上的尖子生，李超成绩一直很好。一次期中考试，李超考了全班第一名，他为此扬扬得意起来。在走亲访友时，李超会时不时地炫耀自己的好成绩；同学们向他请教学习上的问题时，他也总是一副高高在上的样子，看不起前来请教的同学……

在骄傲自大的驱使下，李超开始不再那么认真努力地学习了，期末考时，李超从曾经的名列前茅，落后为中等名次。

爸爸看到李超盯着自己的成绩单发呆，便说道："有没有想过为什么这次的考试成绩退步了这么多呢？"李超听到爸爸的话抬起来头，并没有说话，像是在等待爸爸的答案。爸爸继续说：“是因为你从期中考试过后就变得骄傲起来，你把所有的心思都用在了炫耀上，无心学习。你想想，没有踏实努力地学习，能不退步吗？”

原本抬起头看着爸爸说话的李超有些惭愧地低下了头。爸爸又说：“一次的考试失误没什么，只要你能摆正自己的心态，放弃骄傲，以谦虚的态度努力学习，下次一定会进步。”

“‘虚心使人进步，骄傲使人退步’，爸爸，我知道错了，以后不会了。”于是，李超又成了那个踏实学习的孩子，成绩再也没有后退过。

骄傲是自负的一种表现形式，李超就是因为骄傲而变得自负，因为自负而导致学习成绩退步。

日常生活中，自负的男孩并不是个别的存在。自负的男孩通常有以下几个方面的表现：

一是目中无人，总认为自己是最优秀的，以至于常常脱离群体；

二是傲慢无礼，眼高于顶，总是看不起长辈和父母，认为他们的思想和行为很落后；

三是性格强势，总是因为自己的无理要求被拒绝而愤怒；

四是容易骄傲，总是在取得一点小成绩后便沉浸在自己的小成就中，无法继续前进，甚至可能会后退，案例中的李超就是如此。

通常，自负的男孩较为虚荣、自大，不仅不能正确对待自己的错误和缺点，还会看不起他人，以至于自负的男孩更为偏执，也更难教导。自负的男孩对于他人的批评和建议总是难以接受，也就是说在自负的男孩的世界里，只能有表扬和成功，不能有批评和失败，他们很容易在遇到挫折后失去心理平衡。

可见自负对于男孩来说是极其危险的，父母应该重视，避免男孩为自负所累。当然，在引导和帮助男孩远离自负之前，父母首先要找到男孩自负的原因，才能更好地对症下药。

一般来说，男孩会产生自负心理的原因有以下几点：

第一，优越的家庭环境和父母的有求必应。有些家庭条件较好的男孩，会因为优越的生活环境和父母的有求必应，而无法强化自身的辨别能力。同时没有经历过挫折和磨砺的洗礼，从小在顺境中长大的男孩，常常会狂妄自大，认为自己无所不能，出现自负心理。

第二，父母潜移默化的影响。作为男孩的第一任老师，父母的言行举止总是会无形地影响着男孩。那些喜欢在他人面前炫耀、对他人嗤之以鼻的父母，教养出来的男孩通常都是自负的。因为男孩在听到父母在背后说别人不如自己的时候，会学着模仿，然后嘲笑不如自己的人。久而久之，男孩就会形成自负心理。

第三，父母过度的表扬和赞美。虽说男孩的成长需要肯定和鼓励，但是如果父母没有把握好度，表扬是失去原则或是过度的，或是常常向他人炫耀自己孩子的优秀，就会极有可能让男孩无法正确客观地认识自己，认为没有人比自己更优秀，以至于得意忘形，进而滋生自负心理。

第四，自尊心过于敏感。很多男孩有着较强的自尊心，心理上渴望得到他人的认可，害怕被他人看不起，他们迫切地想要自我保护，避免自尊心受挫。自尊心过于敏感的男孩因为害怕他人的看不起，便“先发制人”，表现得不在乎，甚至看不起他人、目中无人，于是自负心理就随之产生了。

自负的男孩常常会在自己与他人之间树立一堵无形的“城墙”，自我沉浸在“骄傲王国”里，久而久之就变成了偏执、自私、狭隘的人。所以父母要采取积极的措施引导和帮助男孩走出自负的泥潭。下面是针对男孩产生自负的原因而总结出来的几个解决方法，希望能对父母在处理男孩自负问题时有所帮助。

（1）让男孩了解自负的危害。

对男孩来说，想要抑制自己的自负心理，不是那么简单的事情。父母应该先让男孩知道自负会带来的严重后果，这样才能让男孩在学习和生活中有意识地远离自负。

（2）适当地给予男孩磨砺。

过度溺爱和过度保护使男孩失去了遭遇挫折的机会，没有经历过挫折和磨砺的男孩不仅缺乏自我生存能力，同时更会产生负面的心理，如自负。虽说父母爱孩子是天经地义的，但是却不能盲目地爱，父母应该学会理智地爱，不要因为害怕男孩受伤害而过度保护。适当的挫折和磨砺是男孩心理健康成长的催化剂，可以磨炼男孩的心智，帮助男孩远离自负的侵害。

（3）树立正确的榜样。

前面提到男孩会产生自负的一个重要原因就是父母的影响。“父母是原件，家庭是复印机，孩子是复印件。”要想孩子远离骄傲自大，父母就应该做好榜样，如果父母能做到谦虚友善，那么男孩也会有样学样，自负就不会有可乘之机。

（4）对孩子的评价要客观，表扬要适当。

如果男孩不能正确客观地认识自己，常常会自我评价过高，甚至认为自己只有优点没有缺点，以至于目中无人，自负。而决定男孩是否能正确客观认识自己的重要原因之一，就是父母能否客观地评价男孩。

父母如果不能正确评价男孩的优缺点，只有赞美而没有批评、建议，会让孩子沉浸在自我感觉良好的误区中。因此，父母唯有客观地评价男孩，全面地看待男孩的优点和不足，表扬与批评、建议并存，才能避免男孩存在片面的自我认知，使男孩能全面认识和看到自己的优点和不足，自负才不会有滋生的土壤。

（5）精神奖励胜过物质奖励。

很多父母常常会以物质奖励来表扬和激励男孩，其实这个是不可取的，过多的物质奖励不仅不会激励男孩继续努力，反而可能会让男孩变得沾沾自喜，甚至骄傲自负，以至于自我满足感过剩而变得畸形，这不利于男孩的继续进步。

事实上男孩的心理需求是很容易得到满足的，父母口头上的认可和表扬足以。因此，父母在对男孩进行鼓励和表扬的时候，应该尽可能地少一些物质奖励，多一些精神奖励。

在男孩的成长路上会遇到很多阻碍，自负便是其中一个不可避免和忽视的绊脚石，男孩如果长期处在自负的情绪中，其身心健康必然会受到影响。所以，在男孩的成长过程中，需要父母正确的引导和帮助，这样男孩才不会因为自负而错失美好，才能顺利地走向未来。

第三章
注重男孩品德培育，讲礼的孩子走到哪里都是万人迷

礼貌、诚实、懂感恩、有爱心、心胸宽广……都是为人之本，拥有这些品德的男孩是受人喜爱的。培育男孩的品德是父母不能忽视的重要家庭教育内容。父母应该从每个细小的环节开始引导男孩，使其成为一个品德高尚的人，使其成为一个走到哪里都受欢迎的孩子。

从家庭做起，从小就让男孩彬彬有礼

“不学礼无以立，人无礼则不生”，中国自古以来便是礼仪之邦，有礼的人才会受他人的尊重和欢迎，才能立足于社会。然而现如今，很多父母却忽视了对男孩的礼仪教养，使得男孩不懂礼貌，而为人所不喜，超超就是这样一个存在礼仪方面问题的男孩。

因为学习成绩优异，超超经常成为大家表扬的对象，爸爸妈妈也因此感到十分骄傲，于是常常对超超有求必应，十分溺爱。即使超超有时会出现一些不礼貌的行为，爸爸妈妈也认为是小事，觉得男孩子这样做是不拘小节、无伤大雅，所以从不管教，如见人从不主动打招呼、不主动对他人的帮助表示感谢、常常对其他小朋友出言不逊等。

然而，在一次正式的晚宴上，超超如往常一样的不礼貌却让爸爸妈妈感到十分尴尬，甚至有些无地自容。那天，晚宴刚开始，所有人都还没有入座，超超便一屁股坐在了主位上，旁若无人地将自己喜欢吃的食物全部拿到自己面前吃了起来。虽然在场的其他人都表示没有关系，小孩子都是这样，但是超超的爸爸妈妈还是从其他人的脸上看到了不悦的神情。超超的这次表现，让爸爸妈妈意识到了问题的严重性。

现实生活中，如超超一样不懂礼的男孩不在少数，很多父母也逐渐意识到不讲礼貌的严重性，却苦于没有有效的方法教养男孩彬彬有礼。其实，要想让男孩变得彬彬有礼，父母首先要明白男孩不懂礼貌的原因，才能找到恰当的方法。

事实上，大多数男孩不懂礼貌，并不是他们不愿意讲礼貌，而是他们没有家里和外面之分，在他们的意识里，外面和家里是一样的，都可以按着自己的想法来。很多男孩对于吃、穿、行、坐、站、言等都没有基本的礼仪认识，不知道怎么做才是有礼貌的表现，而父母又对男孩过分的溺爱，从不约束男孩的不礼貌行为，久而久之，男孩不讲礼貌的坏习惯就变得根深蒂固。

很多男孩虽然都有不礼貌的行为，但是却不能说他们是坏孩子，就像超超一样，只是因为父母的溺爱，以及父母对超超不礼貌行为的视而不见，才让男孩在不礼貌的路上渐行渐远。

此外，由于男孩年龄小、心智不够成熟，很多时候缺乏辨别能力，所以他们很容易受到父母或他人的影响，如果父母或身边的人常常做出一些不礼貌的行为，男孩很容易有样学样，做出同样不礼貌的行为，慢慢变成一个不懂礼的孩子。

约翰·戈特曼是著名的心理学家，他在研究中发现，通常彬彬有礼的孩子要比不懂礼貌的孩子更受欢迎，他们在生活上更善于与人相处，在学习上也有更好的发挥。可见，礼仪教育也是教养男孩的重要课题，需要父母的严肃对待。

有些父母虽然知道彬彬有礼对于男孩的重要性，但只有在男孩出现不礼貌行为时，父母才会想办法解决，或是给男孩讲大道理，或是简单粗暴地制止，这种做法只是治标不治本。事实上，教养男孩彬彬有礼应该从日常生活中的细节做起，用轻松愉快的教育方式引导男孩注意礼貌，这样才不会让男孩产生心理负担，才能更好地熏陶和提升男孩的懂礼之心。那么，父母具体应该怎么做呢？

（1）父母以身作则。

俗话说“父母是孩子的镜子，孩子是父母的影子”，不懂礼、不讲礼的父母教育出来的男孩也很难彬彬有礼。因此，要想教育男孩彬彬有礼，父母首先要学会懂礼、讲礼，这样男孩在接受教育时才能心服口服。

很多父母虽然嘴上教育男孩“要做个彬彬有礼的孩子”，而自己却在实际行动中，没有做出好的榜样。

浩浩和妈妈一起坐公交车时，看到一位老奶奶上了车，想着爸爸妈妈总是说让自己尊老爱幼，于是便准备起身让座，但是却被妈妈阻止了，他好奇地看着妈妈：“你不是告诉我要尊老爱幼吗？”妈妈瞪了浩浩一眼，没好气地说：“人这么多，你等下被挤摔跤了怎么办？”

浩浩妈妈平常也会教育浩浩要懂礼貌，但是却仅是嘴上说说，并没有真正地在实际行动中做好礼仪教育。试想一下，原本彬彬有礼的浩浩，会不会因为妈妈长此以往的不礼貌的言行举止而被影响，逐渐变成一个不再尊老爱幼，不再给老人让座的孩子呢？

父母是否彬彬有礼，很大程度上决定着男孩是否彬彬有礼。因此，在对男孩的礼仪教育上，父母应该以身作则。正如朱庆澜先生所说："无论是什么教育，教育人要将自身做个样子给孩子看，不能以为只凭一张口，随便说个道理，孩子就会相信。"

所以，在日常生活中，父母要给予男孩良好的示范：当父母接受了男孩的帮助时，要说声"谢谢"；当父母不小心把男孩的东西弄坏时，要说声"对不起"；当父母看到男孩起床时，要说声"早上好"……父母在外与人交谈时也应该礼仪得当，久而久之，男孩会受到潜移默化的影响，成为一个懂得表达感谢、懂得表达歉意、懂得问好、懂得社交礼仪的孩子。

（2）给男孩讲礼仪时要语气温和。

很多父母，在孩子出现不礼貌的行为时，总是习惯性地用简单粗暴的方式教育。如，有些父母在男孩不礼貌地打断自己与朋友的谈话时，会呵斥男孩离开或是不要说话；有些父母会在男孩抢其他小朋友的玩具时，呵斥男孩归还；有些父母会在男孩见人不打招呼时，呵斥男孩不懂礼貌……

要知道，这样的做法并不能真正地让男孩学会懂礼、讲礼，反而会让男孩对父母产生怨气，甚至将不礼貌的行为变本加厉。倘若，当男孩出现不礼貌的行为时，父母能用温和的方式教育男孩，温柔地说："打断别人说话是不礼貌的，你应该等他人说完后再说话。""抢其他小朋友的玩具是不礼貌的，如果你想玩，应该先问对方是否同意。""见到人，要打招呼，这样才是有礼貌的孩子。"……如此一来，男孩才更容易接受父母的意见。

男孩都有很强的自尊心，父母用温和的语气以及描述性的言语提醒引导男孩讲礼貌，可以让男孩感受到被尊重，进而更愿意纠正自己不礼貌的行为，成为一个彬彬有礼的孩子。

（3）不要给孩子贴上"不礼貌"的标签。

事实上，很多男孩出现不礼貌的行为，是因为他们容易受到情绪的影响。大多数男孩缺乏较强的情绪自控力，以至于愤怒等情绪来临时无法控制，于是做出非本意的不礼貌行为，这并不能说明男孩是不懂礼、不讲理的孩子。

所以，父母不要因为男孩出现不礼貌的行为，就武断地给男孩贴上“不礼貌”的标签。当男孩出现不礼貌的行为时，父母应该找到他不讲礼貌的原因是什么，并弄清楚男孩处于什么情绪之中，然后选择合适的方式引导并纠正男孩的不礼貌行为。

如果男孩正处于强烈的情绪中时，父母直接给男孩贴上“不礼貌”的标签，不仅会激怒男孩，使他的情绪更糟糕，还会促使男孩将不礼貌的行为继续扩大。反之，如果男孩正处于强烈的情绪中时，父母选择沉默，等到男孩情绪稳定后再进行引导，这样男孩才更能听进去父母的话，才会对自己不礼貌的行为进行反思。

总而言之，最好的教育是家庭教育，最好的家庭教育是父母的教育，从小给予男孩礼仪教育，用正确恰当的方式引导和纠正男孩的不礼貌行为，男孩才能成为彬彬有礼的人。

男孩爱说谎，根源往往在父母身上

很多父母对男孩爱说谎的问题十分恼火，有的父母甚至认为男孩爱说谎是十恶不赦的，但是父母却忽视了男孩爱说谎的根源在哪里。其实很多时候，男孩爱说谎，根源往往在父母身上，所以，要想男孩不说谎，父母首先要做诚实的人。

影视剧中常常会出现这样的一幕：孩子歇斯底里地对父母喊道："你们骗人，我再也不要相信你们了！"事实上，可能这次父母并没有说谎，但因为孩子发现父母多次说谎，便不再相信父母。

现实生活中也是如此，很多父母因为对男孩说过多次谎，当说真话时，男孩便不再相信。就像父母常常给男孩讲的《狼来了》的故事一样，父母最终成了故事中的那个爱说谎的"男孩"。当父母多次说谎被男孩发现后，即使以后说的是真话，男孩也会认为是谎话，也会失望和愤恨。

男孩为什么会因为发现父母说谎而感到失望和愤恨呢？最主要的原因，

是父母总是在教育男孩不要说谎，甚至有的父母还会因为男孩说谎而打骂过男孩，因此当男孩发现父母说谎时，会感到不公平，为什么父母可以说谎，而自己却不可以。而父母之所以会向男孩说谎，是想要用谎言来哄骗、安抚男孩，以免他继续吵闹。下面例子中的妈妈就是如此：

4岁的天天和妈妈坐火车去外婆家。火车上，天天吵闹着要吃橘子，而妈妈害怕天天的吵闹打扰到其他人，便说："橘子吃完了啊！"妈妈原本想哄骗天天，让他不要再吵着要橘子。没承想天天早就看到了放在行李架上的橘子，一直大声喊着："有橘子！有橘子！我看到了！"妈妈没有办法，只能爬上座椅拿行李架上的橘子，然后没好气地说："给你橘子，不要再吵了！"

日常生活中，有很多像天天妈妈这样，因为无法招架男孩的吵闹，而选择用说谎的方式安抚孩子。虽然父母这样做能一时安抚住男孩，让他不再吵闹，但是却留下了严重的隐患，一旦男孩发现了父母说谎，便不会再相信父母，男孩也会变得不再听父母的话，甚至也学会说谎。

因此，当男孩为了满足自己不合理的要求而吵闹时，父母应该用平和的语气给男孩讲道理，让男孩知道他的要求有哪些是不合理的。比如上面案例中的天天妈妈，应该在天天吵闹着要橘子时，告诉天天："火车上有很多人，拿行李架上的东西很不方便，会影响到其他人。"或者告诉天天："已经吃了很多东西，再吃橘子肚子会不舒服的，晚点再吃。"这样一来，男孩会因为了解到妈妈不给他吃橘子的原因，而不再吵闹着要橘子。

相反，如果父母不跟男孩讲道理，而是选择用说谎的方式拒绝或搪塞男孩，男孩就不会意识到自己的要求有什么错，而一旦男孩发现父母说谎，就会变本加厉地以吵闹的方式逼着父母满足自己的要求，以后也会用吵闹的方式来达到自己的目的。同时男孩会觉得父母能说谎，那么自己也可以，久而久之，男孩就会变成一个爱说谎的孩子。

此外，父母的虚假承诺同样是对男孩的一种欺骗。有些父母会给孩子开些“空头支票”，如父母为了激励男孩好好学习，会承诺男孩，满足他一个要求，却从没有兑现过承诺等。父母开的“空头支票”多了，男孩就不会再相信父母的承诺，父母再想用承诺的方式激励男孩、教育男孩就不可能了。而且，男孩也会学着父母的样子随随便便开“空头支票”，长大后很有可能变成一个不信守承诺的人。

所以，诚实守信的父母才能教育出不爱说谎的男孩。父母在教育男孩不要说谎之前，首先要保证自己是一个不说谎话、信守承诺的人。尤其是面对男孩时，父母一定要做到言行一致，对男孩的承诺一定要兑现，做不到的事情千万不能随意承诺。这样，父母才能在男孩心中树立威信，男孩才能受到正向的影响，才能从父母那里学会不说谎、重承诺的好习惯。

当然，父母引导男孩改掉说谎的习惯，除了要以身作则，为男孩树立榜样之外，还需要注意以下几个方面：

（1）男孩第一次说谎时不要不以为意。

很多时候，男孩在第一次说谎时，还是很不安的，因为害怕受到父母的批评和惩罚。但是如果父母不在意，他们便会认为父母很好骗，或是觉得父母对自己说谎这件事并不在意，于是就大胆起来，开始第二次、第三次……甚至频繁地说谎，最后说谎成性，变成了爱说谎的孩子。

所以，对于男孩的第一次说谎，父母千万不要不以为意，或是认为是第一次就轻易地放过。父母应该重视男孩的第一次说谎，并及时纠正男孩，让男孩因为说谎而受到应该有的教育，这样他才不会第二次、第三次说谎，才不会变成一个爱说谎的孩子。

（3）不要给男孩贴上“爱说谎”的标签。

很多时候，男孩很容易活成你常说的样子，所以不要因为男孩偶尔一次的谎言，就给男孩贴上“爱说谎”的标签，否则他很可能会真的变成爱说谎的孩子。要知道，有时候，男孩并不是有意说谎，如果父母直接给男孩定性，不仅对教育男孩说谎的问题起不到任何帮助，反而会让男孩认定自己就是个爱说谎的孩子，久而久之，原本只是偶尔无意说谎的男孩就会变得谎话连篇。

（4）耐心倾听男孩的心声。

有时，男孩会因为害怕受到父母的批评或惩罚，而选择说谎。其实，如果父母能耐心地倾听男孩的心声，了解他们遇到的困惑和内心的真实需求，制定符合男孩意愿的规则和要求，这样一来，男孩便会愿意做且能做好，自然也不会因为害怕做不好而说谎了。

此外，有些男孩之所以会说谎，是因为他们感受不到父母的关注，想用说谎的方式来引起父母的注意。如果父母能多关注男孩一点，耐心地倾听男孩的心声，多与男孩沟通，多给男孩一些爱护和专注，男孩自然就不会说谎了。

（5）引导男孩认清什么是现实，什么是想象。

很多男孩有着丰富的想象力和创造力，但因为他们年龄小，缺乏较强的分辨能力，常常会把自己的想象当成现实说出来，这样就变成了父母眼中的说谎行为。所以，在日常生活中，父母应该引导男孩认清什么是现实，什么是想象，让男孩知道把想象当作现实说给他人听，不仅会引起别人的误会，还会让别人觉得男孩在说谎。同时要告诉男孩说谎的孩子会受到批评和惩罚，小朋友都不愿意和说谎的孩子一起玩。这样一来，也能引导男孩做一个诚实的好孩子。

总而言之，男孩爱说谎的根源往往在父母，父母在为男孩做好榜样的同时，还应该正确地引导男孩，才能帮助男孩走出说谎的旋涡。

让孩子学会感恩，做一个爱心满满的男孩

懂得感恩的人会认为自己所拥有的一切是来之不易的，会更加珍惜。懂得感恩的人通常是幸福的、快乐的，他们更懂得回报社会。而不懂得感恩的人，通常会活在怨恨里，他们常常会愤世嫉俗、思想偏激，因而他们很难感到快乐幸福。

其实，对于男孩而言，感恩同样能让他快乐和幸福。一个懂得感恩的男孩，会乐观地面对生活，会生活得富足快乐。为了不辜负给自己带来幸福和快乐的人和事，懂得感恩的男孩会继续努力过得更好，并尽自己所能地报答那些给予自己帮助的人。

相反，一个不懂得感恩的男孩，即使自己已经拥有了很多，仍然会觉得他人或社会欠自己的。这样的男孩，哪怕再优秀、再有能力，也得到不到社会和他人的认可，无法真正地成为强者。

因此，如果想让男孩成为一个幸福快乐的人，想将男孩培养成一个被社

会认可的真正强者，父母必须让男孩学会感恩，让男孩成为一个爱心满满的人，让男孩学会感恩父母、感恩他人、感恩社会。

懂得感恩的人，通常都有着坚强的意志，无论遇到多大的困难都无所畏惧，勇敢跨过障碍。科学巨匠霍金就是这样一个懂得感恩的人，他曾说：“我的手还能活动；我的大脑还能思维；我有终生追求的理想；我有爱我和我爱着的亲人与朋友；对了，我还有一颗感恩的心……”正是因为他有着一颗感恩的心，让他在经历瘫痪30余载的过程中，仍然勇于追求梦想，最终获得颇高的科学成就。

幸运女神几乎没有照拂过霍金，但是霍金仍然对生活常怀感恩，在他看来，虽然自己不能开口说话、不能用手写、不能站起来行走，但是他还有一个能动的手指、一个能动的大脑，他仍然感恩生活，所以他活得快乐、活得充实。

而很多比霍金拥有的多得多的人，却总是因为生活的一点挫折而埋怨命运的不公，这些人因为感恩之心的缺失，而常常会感到悲观、失落。

父母是希望男孩成为如霍金一样心怀感恩，活得快乐、活得充实的人，还是希望男孩因为不懂感恩而变成整日怨天尤人，或者悲观、失落的人呢？答案不言而喻。

要知道，男孩只有学会了感恩，心中充满爱，才愿意报答和回馈他人以及社会，进而收获更多。所以，让男孩学会感恩，做一个爱心满满的人，是非常重要的一项家庭教育。父母们可以从以下几个方面出发，唤起男孩的感恩之心，唤起男孩的爱心。

（1）教育男孩从感恩身边的人开始。

爸爸妈妈、爷爷奶奶、外公外婆都是男孩身边最亲近的人，父母应该在日常生活中培养男孩的感恩之心，让男孩先从感恩身边的人开始。

如，和妈妈一起去超市买东西时，让男孩帮妈妈拿一些自己拿得动的东西；吃饭的时候，妈妈还在厨房忙碌，告诉男孩即使再饿也要等妈妈忙完了一起吃；外婆腿疼时，让男孩给外婆捶捶腿；和爸爸一起吃水果时，告诉男孩要把最大的水果给最辛苦的爸爸吃……父母也可以在日常生活中，让男孩帮自己做一些力所能及的事，如帮妈妈洗洗碗，帮爸爸倒杯茶，等等。

这样一来，男孩就会从日常生活中的小事开始，渐渐积累感恩之心，学会关爱他人。

（2）培养和保护男孩的善心、善行。

众所周知，撒下什么种子，就会收获什么果实。因此，父母要在男孩心中撒下善良的种子，培养男孩的善心，男孩才会将善心付诸行动，成为一个有爱心的孩子。如何撒下善良的种子，培养男孩的善心呢？父母可以带男孩做一些善事，如爱心捐赠、主动帮助有困难的人等，父母也可以时常将助人为乐的故事讲给男孩听。

当然，很多时候男孩也会无意识地做出一些善举，如会把自己的玩具送给其他小朋友，此时，父母千万不要强行让男孩把玩具要回来，而是应该先询问男孩这样做到原因，如果男孩的回答是那个小朋友家里条件不好，爸爸妈妈不给他买玩具，那么父母应该尊重男孩，因为这是善举，是男孩爱心的表现，父母应该保护起来。

培养男孩的善心，他才会有爱心意识；保护男孩的善行，才不会扼杀男孩的爱心。男孩有了善意和爱心，才不会变得冷漠，才能懂得感恩。

（3）教育男孩常说“谢谢”。

“谢谢”是感恩的最直接表达，想让男孩学会感恩，首先要教他从身边的小事做起，常对父母、老师以及他人说“谢谢”。文轩妈妈的教育就很好。

文轩很小的时候，妈妈就常常教他把“谢谢”挂在嘴边：吃饭时妈妈给文轩盛饭，会让文轩说“谢谢”；妈妈给文轩买了新衣服，会让文轩说“谢谢”……

在一次钢琴比赛，文轩获得了第一名，文轩向妈妈要奖励：“妈妈，我钢琴比赛得了第一名，表扬我吧！”妈妈说：“钢琴比赛得了第一名，除了因为你的努力，是不是还有妈妈的一份功劳？妈妈每天都陪着你练琴啊！”文轩说：“对，谢谢妈妈的陪伴，还要谢谢李老师的耐心教导。”

文轩妈妈教文轩常说“谢谢”，让文轩学会感恩，是明智的做法。只有让男孩常说“谢谢”，他才能逐渐养成说“谢谢”的好习惯，才会真正地学会感恩，懂得感恩。

（4）有了感恩之心后，要付诸行动。

当男孩有了感恩之心后，父母就要引导男孩将感恩付诸行动，这样才能让男孩明白，真正的感恩不是简单的一声“谢谢”，而是要对帮助过自己的人予以回报，同时还要对需要帮助的人予以帮助。这样才能让男孩真正懂得感恩的真谛。

总而言之，男孩只有懂得感恩，有着一颗满满的爱心，才会珍惜身边的人和事，才会珍惜自己拥有的一切，才会获得快乐幸福。感恩让男孩的生活充满阳光，让男孩不惧怕生活和学习中的困难和险阻。爱心让男孩善良地对待每个人，获得每个人的尊重和喜爱。所以，父母用感恩教育引导和帮助男孩成为阳光、乐观的万人迷吧！

教孩子远离自私：同情与博爱才是男孩该有的品质

在本节的开头，先来看下面一则例子。

作为班上的尖子生，李明耀深受老师们的喜欢。班主任希望他能担任学习委员一职，这样便能带领同学们一起学习，带动班上的学习氛围。但让老师意想不到的是，李明耀以当班干部会耽误自己的学习时间为由拒绝了。他告诉老师：在校期间，学习成绩才是最重要的，当学习委员完全没有意义，不会对自己的考试成绩带来任何帮助。

李明耀的自私让班主任有些吃惊，班主任不禁回想起李明耀在班上的过往：他从不会帮助他人。李明耀几乎不会参加班集体组织的课外活动，也从来不会为向他请教问题的同学讲解难点……

班主任原本以为，这只是因为李明耀成绩好有些高冷而已，便没有放在心上，但是从这次的事情上看，李明耀是真的有些自私。在班主任看来，学习成绩的好坏并不能衡量一个孩子的好坏，而是否有良好的品德才是衡量一个孩子好坏的重要标准。对于李明耀自私这一问题，班主任准备和李明耀的父母谈谈。

于是，班主任来到了李明耀的家里，想进行下家访。

由于来得不是时候，李明耀家里正在吃饭，于是班主任让李明耀妈妈先去吃饭，吃好了再谈，自己便坐在客厅等待。在等的过程中班主任听到了李明耀和家人的对话：

“奶奶，我要吃那个鸡腿！”

“好好，这几个鸡腿都是你的！”

“爷爷，我们换个椅子坐，你那个椅子有垫子，坐着舒服些！”

“我把垫子给你吧！”

……

听到李家人的对话，班主任终于知道为什么李明耀这么自私了，都是家里人溺爱的结果。

由于现在很多男孩都是家里的独子，在父母、爷爷奶奶以及外公外婆的宠爱中长大。虽然爱孩子是父母的天性，但是很多时候父母过度的溺爱和保护，变成了男孩成长路上的“坑”，让男孩形成了畸形的心理性格——自私和霸道。自私的男孩从来都是以自我为中心，只关心自己是否开心，对他人的感受视而不见。

很多男孩之所以会自私，主要是父母错误的教养方式所致。由于父母的过度溺爱，对男孩有求必应，对于男孩所犯的错也是无条件地包容和放任，使得男孩认为他人对自己的付出是无条件的、理所应当的，这样一来男孩自然不会为他人考虑了。

如果父母不重视，那么自私将会给男孩带来严重后果。要知道，如果男孩长期处于自私的状态下，其心理会逐渐发生扭曲，不利于男孩的心理健康成长。此外，长期被自私侵害的男孩也会面临很大的社交困难，对其将来走入社会、立足于社会是极其不利的。因此，父母要正确地引导男孩，不能任由男孩的自私心理继续发展。

父母只有引导和帮助男孩远离自私，让男孩学会同情和博爱，男孩才能成为一个拥有乐于助人等高尚品德的人。对于如何引导，希望父母能从以下几点建议中有所启示。

（1）父母要以身作则，树立正确的榜样。

关于家庭教育的问题，父母要以身作则，树立正确的榜样已经是老生常谈。什么样的父母教出什么样的男孩。有着同情和博爱之心的父母，也会在日常生活中潜移默化地影响着男孩。男孩在看到父母孝敬长辈、友善邻里、乐于助人时，会向父母看齐，学着孝敬父母、友爱朋友、乐于助人，久而久之就会拥有同情与博爱的优秀品质。

（2）父母要摒弃对男孩的溺爱。

在家里，父母不要对男孩过分溺爱，对于男孩不合理的要求，要适时地拒绝。此外，父母要在日常生活中注意，不要特殊对待男孩，如好吃的都留给男孩吃，给男孩用的穿的都是家里最好的，等等。父母要让男孩明白，他人对他的好不是理所应当的，在这个世界上应该是人人平等的，不是所有人都应该围着他转，长此以往，男孩会逐渐明白自私不是自己的特权。

（3）让男孩学分享。

父母应该从男孩很小的时候开始教他学会分享，让他从分享中体会到快乐。当男孩懂得分享时，父母应该给予肯定和表扬，以鼓励男孩的分享行为。当男孩将分享当成习惯，自私也自然会远离男孩。

（4）教男孩学会换位思考。

父母要在日常生活中引导男孩站在他人的角度考虑问题，这样才能让男孩感受到他人的感受，男孩才能设身处地地为他人着想，而不是事事以自己为先。

（5）用实际行动教男孩同情和博爱。

仅仅依靠向男孩讲道理，是很难让男孩真正明白什么是同情和博爱的。父母应该用实际行动教男孩同情和博爱，如多给男孩看一些关于贫困山区孩子们现状的新闻，让男孩知道，有很多人是非常需要帮助的，并和男孩一起做爱心捐助，这样可以让男孩真实地感受到同情和博爱力量，进而学会同情和博爱。

自私是毒瘤，会侵害男孩的身心健康，同时更是男孩未来前行之路的障碍；而同情和博爱则会温暖男孩的内心，让男孩的成长之路充满阳光。只要父母用心地浇灌和呵护男孩的同情和博爱这颗心灵之花，他日必芳香满园。

教育得当，别让男孩成为“小霸王”

校园暴力，已经成为现如今父母关注较多的一个话题。网络上关于校园暴力的新闻比比皆是，有因为实施校园暴力行为的男孩被关进了少管所的；有因为受到校园暴力的侵害而出现精神问题，甚至选择轻生的……是什么让原本应该茁壮成长的“花朵”，变成了暴力的“凶徒”，是什么让暴力事件成了屡见不鲜的事？

曾经有心理学家针对7岁到13岁之间的孩子做过一项调查研究，其结果显示：曾经想过用暴力解决问题的孩子占到了23.9%。这说明有越来越多的孩子存在暴力的倾向，这应该引起父母的重视。众所周知，暴力行为会严重地危害男孩的身心健康，甚至危害男孩的未来，因此，对于男孩的暴力行为，父母应该做到及时发现、及时纠正，否则，后果将不堪设想。曾经有一档法制节目报道过这样一个真实的故事，内容是这样的：

一个原本家境富足、成绩优异的男孩，本该有一个光明的前途，却因为一次严重的暴力事件被关进了少管所，前途尽毁。

那个男孩在记者的采访中，这样说道：

“在我很小的时候，我的父母就告诉我，不管我犯了什么错，只要我能好好学习，成绩优异，他们都不会怪我。他们也说到做到了，我的成绩一直在班上名列前茅，而他们也从来不会管我在做什么。后来，我便越来越任性，觉得自己就是老大，在学校只要有人对我表示不服气，我就会用拳头回敬。而对于我打人的问题，我的父母也从来不说我什么，他们只是告诉我，只要我成绩好，在外不被欺负就行。”

说着，原本看着镜头的男孩低下来头，然后继续说：“从小，我的父母就告诉我，没用的人才会被别人欺负。记得小时候，有一次有个小朋友抢了我的新玩具，我二话不说，上前使劲一推，将那个小朋友推到了地上，抢回了玩具，而那个小朋友的胳膊摔破了，还流了血。后来，我父母并没有教训我，而是在给对方的父母道歉后，说我像个男子汉，还会教训欺负自己的人。我有时候在想，如果那个时候他们能狠狠地教训我一顿，让我知道打人不对，我现在应该会是在美丽的校园里，而不是这里了。”

相信很多父母看到这个案例一定会感到难过。好在不是所有的父母都像案例中的父母一样，纵容男孩的暴力行为，大多数父母会对孩子的打人行为加以教育。但是有些父母却在教育的过程中没有控制好自己的情绪，以至于过度激动而胡乱教育，不仅没有纠正孩子的行为，反而加重了孩子的暴力倾向。

熊飞从小就是一个比较调皮的男孩，没少给父母惹麻烦，因为熊飞总是喜欢打人，不是把同学的头砸破了，就是把同学的脚踩伤了，要不就是把同学的鼻子打流血了……总之，因为这样的事情，熊飞的爸爸妈妈常常给同学的父母赔礼道歉，也常常批评熊飞，有时还会惩罚甚至打熊飞，然而熊飞仍然屡教不改。

一次，熊飞的爸爸又接到了班主任的电话，班主任说熊飞又打伤了同学。爸爸听到这个消息，挂断电话后什么都没说，直接上前打了熊飞两个耳光。不明所以的熊飞委屈地大声哭泣，这让爸爸更生气了，大声呵斥道：“你还敢哭？我说了多少次，不要打人！不要打人！你怎么就是不听，还敢打人！今天我就打死你，看你以后还打不打人！”说着抬起手准备再次打熊飞，但是这次熊飞没有老老实实站在那儿挨打，反而还起了手。熊飞的举动彻底惹怒了爸爸，爸爸怒斥道：“你还敢还手，真是有出息了啊！”于是狠狠地把熊飞打了一顿，然后把熊飞关在房间里，让他好好反省。

那天，熊飞哭了一晚上，他想不通凭什么爸爸可以打自己，而自己却不能打人。于是，他总结出一个奇葩的结论：自己以后不能打同学了，要打也只能打比自己小的。

可以看出，熊飞爸爸的教育是失败的，他不仅没有纠正熊飞爱打人的习惯，反而让熊飞转移了欺负对象，继续当着“小霸王”。可见，不当的教育方式只会带来消极的效果。因此，父母在教育男孩时，只有方法得当，才能正确地引导男孩远离暴力倾向，不做“小霸王”。那么，父母应该如何做才能避免男孩成为一个暴力“小霸王”呢?

（1）让男孩知道自己错在哪里。

当男孩出现了打人的行为时，父母应该沉着冷静，不要像熊飞的爸爸一样上来就打。父母要在男孩打人后，引导男孩明白自己错在什么地方，让他知道没有人喜欢“小霸王”，打人的孩子不是好孩子，也不会有人愿意和他交朋友。相信当男孩认识到自己的错误后，会反思自己的行为的。

（2）就事论事，和男孩一起分析他打人的原因。

当男孩与他人发生冲突要动手时，父母不要立刻训斥男孩，而是应该立刻阻止男孩动手，并询问男孩要动手的原因，引导男孩分析为什么事情会发展成这样，并提出自己的看法，让孩子用和平的方式解决问题，而不是暴力。

（3）以身作则。

男孩的一言一行首先源于对父母的模仿，要想男孩远离暴力倾向，父母要以身作则，摈弃“不打不成才”“棍棒底下出孝子”的教育理念，当男孩犯错时，要用讲道理的方式引导男孩。没有暴力的父母，男孩也很难被暴力“眷顾”。

（4）让男孩学会用语言解决问题，而不是拳头。

很多时候，孩子不知道怎么表达自己内心的真实想法，当和他人出现矛盾的时候一着急，就会出现攻击性行为。例如，男孩想要玩其他小朋友的玩具，会直接用攻击性的行为——动手抢，此时，父母应该及时制止，并教男孩用正确的语言表达自己，让男孩告诉对方自己想玩他的玩具，与对方商量，征得对方的同意。父母要让男孩知道，解决问题最好的方法是用正确的言行，而不是拳头。

男孩在成长的过程中或多或少会出现暴力行为，很多父母会用棍棒来解决问题，或是因为溺爱而放任男孩的行为，这两种做法都是不可取的。只有教育得当，男孩的暴力行为才会被制止，男孩才不会变成“小霸王”。

第四章
塑造男孩阳光性格，男人的世界就应该温暖洒脱

所谓“性格决定命运”，除了物质财富和出身背景之外，性格对男孩的未来起着决定性作用。拥有阳光性格的男孩，势必能获得更多的机遇和助力。如何才能塑造男孩的阳光性格呢？父母的家庭教育尤为重要。

培养好的性格，男孩才能赢在人生起跑线上

印度有一个非常火的电影，名叫《起跑线》，这部电影将“拔高”教育这把火“烧”向国内。“让男孩赢在起跑线上”不仅仅是电影里的狂热，更是国内父母孜孜不倦的“事业”。

比如，深受父母追捧的幼小衔接班便是最好的例证。很多父母为了不让男孩输在起跑线上，让男孩提前半年甚至一年就从幼儿园“毕业”，像参加竞赛一般，给男孩报各种天价补习班、兴趣班，每天将时间安排得满满当当，不留给男孩片刻休闲娱乐的时间，而这么做是为了男孩能够“弯道超车”，“不输在起跑线上”。

要知道，能力教育不应该是一个男孩生活的全部。也没有任何科学研究表明，“拔苗”真的能“助长”。相反，违背男孩正常的身心健康成长规律，给予其过大的成长压力，可能还会让最后的结果与最初的规划背道而驰。

“起跑线”理论本身没有错，但是父母要清楚，究竟什么才是男孩的起

跑线？父母应该给男孩提供一个什么样的跑道呢？

要想知道男孩的人生“起跑线”究竟是什么，父母首先得弄清楚一个问题：什么决定了男孩的起跑线？

对于这个问题，公说公有理，婆说婆有理，众说纷纭。

有人说，当然是阅读了。因为高尔基说过，“书籍是人类进步的阶梯”。阅读能为人类的成长输送源源不断的精神食粮，帮助人建立一个自由的精神世界。很多高考状元在采访中也提到过，父母非常重视自己的阅读量，读万卷书，才能行万里路。

也有人说，当然是父母自身的道德素质。父母是男孩来到这个世界上的第一任老师。父母的一言一行、处事风格、学识修养都会在生活中潜移默化地影响男孩。试想一下，一个遇事就骂骂咧咧、斤斤计较的母亲，有多大可能能培养出善良大方、宽容友爱的男孩；一个知识渊博、温婉贤淑的母亲，有多大可能能培养出目光短浅、冲动暴躁的男孩。父母的高度，决定了男孩的起点。

不可否认，以上观点各有其道理，因为这些因素确实能让男孩在社会生活中或多或少拥有战胜别人的优势。但父母如果按照“决定”性的标准去选择，它们可能都要遗憾落选。

究竟是什么“决定”了男孩的起跑线？先来看看这面两个案例：

美国通用电气公司董事长杰克·韦尔奇在讲述自己的成功经验时，特地强调了好性格对他人生的帮助：“小时候，我有点口吃，心里很自卑。但乐观的妈妈总是对我说，口吃正说明了你聪明、爱动脑，想的比说的快些罢了。”

妈妈的乐观精神感染了杰克·韦尔奇，帮助年幼的杰克·韦尔奇养成了阳光积极的性格。在后来的人生中，杰克·韦尔奇无论遇上什么困难，阳光积极的性格总能引导他找到突破口，在风雨中也能演绎自己的美好人生。

无独有偶，曾经的美国总统里根也公开分享过性格影响人生的故事。

有一次，里根不小心踢碎了邻居家的玻璃，需要赔偿12.5美元，他吓得瑟瑟发抖，以为会受到父亲的怒斥。当里根找父亲拿钱赔偿时，他的父亲这样告诉他："我先借给你，一年后还我。"里根这才缓解了心中的恐惧。

在父亲宽容的态度下，里根逐渐培养出了敢做敢闯的性格。无论是州长竞选，还是总统竞选，他都要去试一试。好性格成就了后来的里根。试想如果父亲听到里根踢碎玻璃的消息后，对里根是劈头盖脸的怒斥，恐怕里根会从此畏畏缩缩，不敢寻求新突破，从而错失人生中的种种成功。

所以，真正决定男孩人生起跑线的，并不是显露在外的能力，而是能深埋在男孩心里，并指导男孩一生前行的东西——性格。

既然说性格才是决定男孩人生起跑线的因素，那么究竟具有什么样性格的男孩，才能赢在起跑线上呢？

第一，自信。

自信心能给男孩带来克服困难的巨大动力，调动男孩的积极性、创造性。自信的男孩能时刻保持乐观向上的心态、面对困难的勇气和大方从容的人格魅力。

父母需要让男孩多实践、多探索，让男孩体验到成功的喜悦，满足男孩亲手完成任务后对于能得到别人肯定和鼓励的内心需要，在男孩心里树立"我能行"的行为信念。

第二，机敏。

你仔细看看自己的社交圈，可能会发现一个有趣的现象，那就是上学期间精灵古怪、但学习成绩不好的男孩，未必比那些老实憨厚的尖子生成就差。

性格机敏的人，往往头脑更灵活，想事情的角度更全面，他们在一次又一次的实践经验中，能快速摸索出一条适合自己的生存之道。

父母要鼓励男孩多锻炼、多玩益智游戏，这些方式能帮助男孩的大脑时刻保持高速运转，有助于培养男孩机敏的性格。

第三，积极。

性格中的“积极”我们可以把它理解为对效率的追求。在同样的时间限制内，如果你的男孩能完成比其他男孩多几倍的学习任务，还愁他不能超过其他男孩吗?

第四，温暖。

性格温暖的男孩，待人礼貌，尊重他人，不以自我为中心，遇事会考虑他人的感受，在集体生活中，乐于助人，能很快赢得他人的好感，融入环境。

这就要求父母在日常生活中能以身作则，给男孩做好榜样，做一个温暖的人。

第五，稳重。

性格稳重与性格机敏在本质上并不矛盾。性格机敏强调男孩遇事时能头脑活跃、快速解决问题；性格稳重则强调男孩遇事时能沉着冷静，不急躁、不冲动、不轻易情绪崩溃。

父母帮助男孩养成稳重的性格，在男孩日后独立前行的人生道路上是百利而无一害的。

第六，安静。

男孩性格安静，不等同于性格内向。“动如脱兔，静若处子。”所言大概如此。安静的性格能让男孩有效过滤掉生活中的浮躁，集中注意力去完成一件事。性格安静的男孩，在静态的兴趣爱好中，比如画画或阅读，更能全身心投入，更容易获得佳绩。

第七，勇敢。

男孩终有走出父母的保护圈、独自出去闯荡的那一天，当那一天来临时，如何保证男孩能勇敢面对一切艰难险阻，成功开辟出自己的新天地呢？

这就要求父母从小培养男孩勇敢的性格。如果男孩遇到困难，请将困难当作锻炼男孩成长的机会，让男孩自己解决问题，减少男孩对父母的依赖，激发男孩内心的勇气。这样男孩将来走入社会时才会勇往直前，抓住机遇。

第八，勤奋。

性格勤奋的男孩，更能明白时间的珍贵，有督促自己上进的紧迫感，做事认真努力，不轻言放弃。

父母要想培养男孩勤奋的性格，首先需要引导男孩形成时间概念，培养男孩珍惜时间的意识并鼓励男孩充分利用时间。在这一阶段完成之后，父母可以给男孩讲讲历史上因勤奋刻苦而成就丰功伟绩的名人故事，用兴趣引导男孩养成勤奋刻苦的性格。

第九，独立。

性格独立的男孩往往具备较强的独立思考能力，他们有自己的思想和主见，遇事能自己解决，不依赖他人的帮助。如果男孩能从小养成独立的性格，将来就能活出自己的风采。

在男孩年幼时，父母就需要懂得尊重男孩的个性，鼓励男孩勇敢做自己，放手让男孩做自己想做的事，长此以往，男孩独立的性格自然就养成了。

“不让孩子输在起跑线上”的标语我们随处可见，但很多人误解了起跑线的意思。男孩的起跑线不在于他是否含着金汤匙出生，而在于父母能不能给他一个好性格。没有好性格的男孩就像跑偏的运动员，能力越强、跑得越快，越是与想要的结果南辕北辙。所以，一个健全的性格比智慧更重要。

男孩脾气火暴，给他添几味“泻火药”

成人尚且有自己的脾气，更何况男孩呢？但是如果男孩的脾气过于火暴，就不是个性的问题，而是“坏脾气”了。成成就是一个脾气火暴的男孩。

最近，成成喜欢上了一种猜字游戏，甚至有些痴迷，以至于每次一写完作业就迫不及待地拿起平板电脑开始玩了起来。其实这种猜字游戏对于7岁的成成来说还是有些难度的，所以成成经常花费了大把的时间却一道题也做不出来，这时他总是会表现出懊恼的情绪。

这天，成成正在专注地思考怎么解题，并没有注意到邻居家的浩浩过来找他玩了，也没有听见浩浩的呼叫。成成的专注让浩浩有些好奇，便将成成手中的平板电脑抢了过来，想看看他到底在看什么，这么痴迷。

但是成成却因为好不容易理清的思路被打断而非常生气，便冲着浩浩发脾气道：“你干什么啊！真是烦人，快还给我！”成成突然发火，让浩浩有些害怕，便转身离开了。

妈妈听到成成对浩浩的吼叫声立刻跑了过来，问道：“怎么回事？浩浩过来找你玩，你什么态度？”

正处于愤怒中的成成便把怒气转移到妈妈身上：“我什么态度啦？讨厌死了！”

成成的突然发火让妈妈很生气，同时也很困惑和无奈。

其实，成成常常莫名其妙地发火，是脾气暴躁的一种表现。日常生活中，很多男孩都有脾气火暴的一面，他们或是和成成一样会无缘无故地生气发火；或是蛮不讲理，遇到一点不如意的事就大发雷霆；或是喜欢和他人吵架、打架等。男孩为什么会变得暴躁呢？

首先，是因为父母过度的溺爱。很多时候，在父母过度溺爱中长大的男孩会比较自我，一旦自己的无理要求没有得到父母的满足，他们就会大哭大闹、发脾气，父母自然就答应了男孩的无理要求。这样一来，在男孩的意识里会认为只要大哭大闹、发脾气，自己的要求就能得到满足，久而久之便形成了发脾气的习惯，养成了易怒的性格。

其次，父母的意见不统一，也是导致男孩形成暴躁性格的原因。比如，有时候妈妈支持男孩做的事情，却遭到爸爸的反对；或是父母今天认为男孩可以做的事情，明天却不让男孩做；或是爸爸觉得是好事，而妈妈却持反对意见等。父母的意见不统一，常常会让男孩不知道如何行事，久而久之会变得烦闷暴躁。

再次，父母过于严格的管教同样会诱发男孩暴躁的性格。由于父母过于严格，男孩一旦出一点错，或是没有按照父母的要求行事，便会受到父母的责罚，有时甚至会挨一顿打。长期被父母压制着的男孩，不满的情绪会不断地积压，时间久了很容易突然爆发，最终变成脾气火暴的人。

除了外界的原因外，男孩自身的原因也容易导致他们性格暴躁，如随着年龄的增长，无法适应生理上的变化或是生病等。要知道，如果男孩脾气暴躁，不仅会影响自己的身心健康，将来也会难以在社会上立足。因此，父母一定要重视起来，当男孩发脾气的时候，适时地给他添几味“泻火药”，不要任由其发展，帮助男孩免受暴躁性格的影响。父母可以试试以下几个方法控制男孩的火暴脾气。

（1）告诉男孩脾气火暴危害大。

父母要常常向男孩灌输脾气火暴危害大的思想，告诫男孩，无故对他人发火是一种不尊重他人的表现，不仅会伤害他人的自尊，还有可能使他人产生误解。这样不仅不利于人际交往，同时也会因为不尊重他人而得不到他人的尊重。此外父母还要让男孩知道，脾气火暴会让自己处于扭曲的不良性格中，非常不利于男孩的身心健康。

（2）以沟通的方式适时开导男孩。

当男孩的愤怒情绪来临的时候，暴躁的脾气很容易一触即发，而且听不进去任何意见。此时，父母要做的不是责备，而是应该试着引导男孩慢慢地将自己的情绪平复下来。当男孩的情绪平静后，父母再用沟通的方式慢慢地引导男孩，让男孩说出自己心中的不快，并帮助男孩找到导致自己不快的原因，协助男孩解开心结。

（3）转移男孩的注意力。

很多时候，男孩会因为某件让自己生气的事情而发脾气，此时，父母不妨转移男孩的注意力，使男孩的关注点从让他不开心的事情上转移到能让他愉悦的事情上。如此一来，男孩的“火”会被慢慢地降下来，心中的怨气也会得到缓解和平息。

（4）培养男孩宽广的胸怀。

父母要从小培养男孩宽广的胸怀，让男孩拥有容人之量。这样一来，男孩会更容易理解他人、尊重他人，遇到让自己生气的事情时也能冷静对待。胸怀宽广的男孩脾气温和，自然不会遇事便烦闷暴躁。

（5）教男孩学会站在他人的角度考虑问题。

很多时候，男孩因为他人做出让自己不能容忍的事情，便会大发脾气。父母不妨教男孩学会站在他人的角度考虑问题，当男孩了解了他人的想法、立场后，自然会对他人多一些理解，便不会那么容易生气了。

父母可以让男孩充当一下父母的角色，让男孩体验一下父母的艰辛：既要负责挣钱养家，又要负责孩子的衣食住行、身心健康以及学习等。当男孩感受到父母的辛苦和责任、爱和付出后，自然能更体谅父母，便不会再因为父母不满足自己的无理要求而发脾气了。

可见，如果男孩能学会站在他人的角度考虑问题，就不会因为他人做了让自己不高兴的事，或者他人的意见与自己不统一而大动肝火了。

（6）理解男孩，并树立良好的榜样。

男孩在自己的要求没有得到满足时是很容易发脾气的，而很多父母在不理解男孩因为没有得到自己想要的东西而心情失落时，常常会将男孩的行为定性为无理取闹，于是将男孩训斥一番，甚至暴打一顿。事实上，父母的这种做法是非常偏激的，是一种脾气暴躁的表现，这样不仅会伤害男孩的自尊心，还有可能会让男孩有样学样，更喜欢发脾气。试想一下，一个大人尚且会因为得不到自己想要的东西而失落，更何况男孩呢？

因此，父母应该理解男孩因为要求没有得到满足而发脾气的心情，但需要注意的是并不是理解就要满足男孩的不合理要求，否则就会助长男孩的行为，以至于他们今后会常用发脾气的方式达到自己的目的。父母既不能用责备、打骂的方式制止男孩发脾气，又不能用满足男孩无理要求的方式制止男孩发脾气，那应该怎么做呢？

父母可以树立良好的榜样，在男孩脾气暴躁的时候，不要以暴制暴，首先控制好自己的情绪，然后用温和的语气告诉他："妈妈知道，遇到这样的事情你会很生气，妈妈也为此感到难过。"当男孩感受到父母对自己的理解和关心后，愤怒的情绪会得到安抚。等到男孩的怒气渐渐平息后，父母可以引导男孩认识到自己的错误，以及自己的要求是不合理的，男孩便会认识到自己不应该发脾气，今后便不会因为同样的事情而发脾气了。

（7）为男孩找到宣泄怒气的方式。

很多时候，男孩生气愤怒时，会变得脾气火暴。父母不妨为男孩寻找宣泄怒气的方式，如陪男孩飞镖盘、打篮球、涂鸦等，让男孩在生气的时候玩一玩。此外，父母还要在日常生活中细心观察男孩，一旦洞察到男孩出现情绪变化，有要发怒的趋势时，可以带男孩做做激烈的体育活动，或者给男孩放一些舒缓的音乐等，这些都是帮助男孩宣泄怒气的方式。

总而言之，每当男孩发脾气时，父母应该给他添几味"泻火药"，给男孩的火暴脾气降降温，男孩才会渐渐地变得平和。远离了火暴的脾气，男孩才能成为走到哪儿都受人欢迎的人，将来才能更好地适应和融入社会。

让男孩学会遗忘，把宽容送进他的胸膛

众所周知，在漫长的一生中，每个人都不可避免地会遭遇中伤，最重要的不是这些伤害本身，而是一个人在面对这些伤害时所采取的态度，而这种态度，是父母需要传递给男孩最基本的处世哲学。

在现实生活中，当男孩不幸地受到中伤后，作为父母，究竟是应该告诉他们立马还击，还是默然一笑，学会遗忘呢？关于这个问题，答案是显而易见的：选择后者——默然一笑，学会遗忘。想要做到这一点，就需要把宽容送进男孩的胸膛。

俗话说："宰相肚里能撑船，将军额上能跑马。"宽容是一种智慧的处世哲学，更是一种高尚的为人境界。关于为人处世要学会宽容的道理，古往今来，许多的能人志士都强调过。

比如，朱熹就曾在他的家训中写道："仇者以义解之，怨者以直报之，随所遇而安之。"这则家训的目的，就是教育其后代要学会宽容，对于那些

有过摩擦、有过过节的人，要采用摆事实、讲道理的方式去化解他心中的怨恨；对于那些自己看不惯的人，则要做到坦诚以待、宽容待之。

诚然，宽容是一种美德，教男孩学会这种美德，实际就等于教给了男孩一个创造幸福人生的锦囊妙计。

在男孩成长的过程中，他们难免要和形形色色的人打交道，难免会遇到被他人伤害或者与他人意见相左的时候，这时，如果男孩选择默然一笑、宽容待之，就会为自己赢得一个与他人和谐相处、让自己快乐的机会。反之，如果男孩选择了耿耿于怀或者立马还击，那么无疑就会让自己陷入“冤冤相报何时了”的无限循环中，让自己徒生烦恼。

从这个角度来说，宽容是男孩收获友谊、收获幸福的重要基石，也是男孩远离烦恼、远离报复的关键因素。正如一位社会学家所说：“真诚待人、宽宏大量，是健康人格的必备素质，也是处理好人际关系、沟通彼此心灵的重要条件。”

可以肯定的是，在男孩的成长过程中，一定会遇到荆棘，也一定会被荆棘所伤。如果男孩能用一种宽容的态度去面对这些中伤、处理这些荆棘，那么男孩往往就能得到更大的成长，获得意想不到的收获。这也是男孩获得幸福生活最重要的法则。

需要注意的是，男孩的宽容之心并不是与生俱来的，而是在成长的过程中修炼得来的。在修炼的过程中，父母则起着关键性的引导作用。具体来说，父母可以从以下几方面着手，去培养男孩的宽容胸襟。

（1）教导男孩宽容并不等于软弱。

在教养男孩的过程中，许多父母总是会走入这样一个误区，那就是将宽容等同于软弱。事实上，这二者之间有着本质的区别。宽容所体现的是一种包容的能力和一种广阔的胸怀，它强调的是当与他人发生矛盾、冲突或者遭遇他人恶意中伤的时候，与其立马还击，不如默然一笑，学会“退一步海阔天空”，原谅他人、包容他人。

（2）告诉男孩人人都有缺点。

在现实的生活中，有的男孩对自己要求很高，对别人要求也很高。于是，当男孩带着对他人、对自己的这种“高标准、严要求”与他人相处的时候，往往就会导致男孩“眼里容不得沙子”，无法宽容和理解他人的情况发生。

为了避免这种情况，在教养男孩的过程中，父母应该让男孩明白“金无足赤，人无完人”的道理，告诉男孩，与小伙伴相处的时候，如果一味地斤斤计较、苛求完美，那么就容易被他人孤立，反而过得更不快乐，只有学会体谅他人、包容他人，允许他人身上出现一些小缺点，才能真正和大家打成一片，收获最简单、最纯粹的快乐。

（3）让男孩明白宽容他人就是释放自己。

古话说得好：“不打不相识。”的确，人生苦短，能够相识就是一种缘分，那么在这个相识的过程中，如果别人伤害了你，你与其耿耿于怀，不如淡然地微微一笑，去包容他人的行为，去化解这种伤害。

相信父母都明白这样的道理，所以在教育男孩的时候，父母也要把这样的观点传递给男孩，告诉男孩宽容别人，其实就是释放自己；反之，如果不学会宽容，而是选择了耿耿于怀或者立马反击，那么最终只会给自己的心灵带上枷锁，让自己陷入无止境的烦恼和困扰中。

（4）教男孩学会换位思考。

要想让男孩拥有宽容美德，就要教男孩学会换位思考，让男孩拥有同理心。

在现实生活中，许多男孩都是父母眼中的“骄宝宝”，许多男孩也都在父母的娇惯中被宠坏了，于是，他们的眼中往往只有自己而看不见他人。当遇到问题的时候，他们也只从自己的角度出发，不考虑他人的感受。这种骄纵、自私的性格对于男孩宽容美德的养成是非常不利的。

如果想改变这种现状，教男孩学会宽容，父母首先就要戒掉男孩的自私自利，让他们学会换位思考，培养他们的同理心。当男孩改变了坏习惯，能够站在他人的角度为他人考虑、能够理解他人的处境时，男孩就离养成宽容的美德不远了。

只有当男孩真正明白这一为人处世的重要哲学的时候，男孩才能从内心深处接受并学会宽容。

在现实生活中，凡是那些能成就大事、收获成功的人，无不是具有宽广的胸怀、海纳百川的人。如果把具备超人的才能和睿智的头脑看作人生幸福路上的助跑器的话，那么拥有宽容的美德就是奠定幸福道路的重要基石。所以让男孩学会遗忘，把宽容送进男孩胸膛，是每一个智慧父母的明智选择。

教男孩乐观，让他的世界充满阳光

乐观是一个人不可多得的良好性格，乐观的男孩的世界里总是充满着阳光和自信，他们在遇到挫折和困难时也能用积极乐观的心态面对，勇敢地接受挫折和困难的洗礼。因此，父母应该培养男孩乐观的性格，这样男孩的世界才会充满阳光，但不是所有的父母都能和下面案例中的爸爸一样懂得培养男孩乐观的性格。

游乐园里一个男孩正在搭积木，他正在盖一栋房子，房子已经初具雏形，很多小朋友在一旁围观。在男孩转身拿积木的那一刹那，积木房屋突然倒塌，小男孩半天的功夫白费了。小男孩的神情也由一脸惊愕变为可怜巴巴，眼睛里噙满了泪水。

出人意料的是，小男孩还没哭，小男孩的爸爸却假哭起来了，言行举止甚是夸张，如同一个顽皮的孩子。爸爸神情悲伤地向孩子求安慰道：“这可该怎么办啊，我的宝贝儿子，辛辛苦苦盖起来的房子竟然倒塌了，好伤心啊。”

此时小男孩满是关切地走到爸爸身边，开始安慰爸爸：“爸爸，你别哭了，别伤心了，我再搭一个更大的房子好不好？”

小男孩的爸爸这是在演戏吗？他为什么要这么做？其实，爸爸是在用拙劣的演技，安抚孩子受伤的心灵。这位爸爸的做法，有没有给父母们一些启示呢？如果一个男孩的父母是乐观而风趣的人，那么这个男孩也一定会有一个快乐的童年。

父母是男孩最亲密的人，父母的一颦一笑无不影响着男孩的心境。

父母要想培养出乐观豁达的男孩，还需要自己拥有大格局，别为一点小事就发火，别为打翻一瓶牛奶就歇斯底里。

道理人人都懂，但做到却很难。很多父母常常因为一些小事，就对男孩大声呵斥，既为难男孩，也为难了自己。殊不知，培养男孩乐观性格的宝贵机会，就在一次次的耳提面命中错过了。

幼儿园快放学时，很多父母都去接孩子。这时，孩子们正在上最后一节课，内容是吹泡泡，大多数孩子都可以自主选择原材料调制泡泡水，蛋清、蜂蜜、白糖等材料就放在孩子触手可及的地方，他们玩得不亦乐乎。

但一位妈妈怒斥的声音打破了欢乐的氛围，这位妈妈几乎是把一个小男孩揪到身边，大声训斥道：“看你天天闯祸，衣服弄得脏兮兮的，还要我给你洗。”小男孩原本开心的脸蛋瞬间像霜打了的茄子，垂头丧气，闷闷不乐。

那个男孩就呆呆地站在那里，不发一言。男孩的爸爸闻声赶来，抱起了男孩，并说："衣服脏了我来洗。"此时，男孩的愁容才得以缓解。

调皮捣蛋是男孩的天性，父母需要用平和、乐观的心态来看待。当男孩浑身沾满了泡泡水时，他可能找到了吹大泡泡的材料配置比例；当男孩在家里乱涂乱画时，想象的翅膀可能从这里腾飞。

男孩有自己的成长方式，一路跌跌撞撞，却总能收获惊喜。父母最应该做的就是，用乐观豁达的心态坦然接受男孩的小调皮，培养男孩的乐观性格。

当父母面对男孩闯下的"烂摊子"时，不过度指责，不小题大做，多给男孩一份理解与指引，男孩自然也就养成了阳光乐观的性格。

一个心态乐观的人相信快乐总会如期而至。所以，请父母为男孩的性格注入一味乐观，让灿烂的笑容在男孩的脸颊上绽放。只有心态乐观的孩子，才能从容面对生活中的小波澜，才能有驾驭生活的能力。

乐观是男孩的一种个性特征——对未来充满希望，能不断前进。乐观的性格是男孩面对人生中不幸、痛苦、失败、生死离别等时刻的最有力的武器。如果男孩没有乐观的心态，可能一点小挫折就能让孩子意志消沉、迷失自我，甚至会损害男孩的身心健康。

美国心理学家马丁·塞利格曼认为，乐观不仅是深受人们喜爱的性格，它还有特别的作用，它就像身体里的免疫系统，当小挫折、小困难入侵时，乐观这道免疫系统就会自动清理负能量，守护孩子快乐健康地成长。

从心理学角度来看，乐观的性格能有效提升大脑的运行速度，提高神经系统的活力，使身体内各个零件最大化协调，这将对发挥整个机能的潜能大有裨益，对提高身体健康和工作效率都有显著成效。反之，如果一个人没有乐观的心态，一直沉浸于悲伤之中，可能身体运行与心理活动的效率都会下降，对人体的身心健康会产生负面影响。

拥有乐观性格的重要性已经不言而喻，可能有的父母会问，我的孩子性格不够乐观，经常愁眉苦脸的，该怎么办呢?

早期诱发理论曾提出了人的性格是在后天的环境中逐步形成的，这也意味着男孩乐观的性格是可以通过后天培养而形成的。所以，家里有悲观男孩的父母不用着急，悲观的性格可以在实践中逐步改变。

怎么让男孩成为一个快乐的小天使呢?父母不妨试一试下面的方法：

（1）男孩需要拥有属于自己的选择权。

没有选择权的男孩就像是被操控的木偶，失去了自由。有的父母喜欢事无巨细都替男孩承办，表面上看起来是对男孩好，实际上却剥夺了男孩的自主选择权，让男孩失去了探索新事物的乐趣。

所以，父母需要根据男孩的年龄阶段，给予男孩充分的自主选择权。比如，在男孩幼年阶段，父母可以让男孩自己选择食物和衣服。在男孩上幼儿园阶段，父母可以让男孩选择自己想要的绘本、想看的电视节目。在男孩上小学阶段，父母可以让男孩自己安排暑假时光，甚至假期出游攻略。

（2）父母应该允许男孩适度悲伤。

允许男孩适度悲伤与培养男孩的乐观性格并不相悖，允许男孩适度悲伤是为了提升男孩的心理承受能力，有助于乐观性格的形成。

当男孩遭遇挫折时，会油然而生出悲伤之情，这是自然感情的流露，父母应该允许男孩表现出他的悲伤。如果男孩内心悲伤，想要在父母这里寻求安慰，但是父母一味严格要求男孩不许哭泣、不能软弱，只会让男孩将悲伤积压在心里，久而久之可能会抑郁成疾。

所以，父母应该允许男孩适度悲伤，短时间的伤心、流泪、自怨自艾都是负面情绪的宣泄，当男孩将心中的不开心宣泄出来时，好心情就会很快恢复。当男孩受伤后需要父母的安慰时，父母请满足男孩的感情需求，给予男孩安全感，从而消除男孩内心悲伤的情绪。

（3）父母乐观，男孩才会乐观。

父母是男孩的第一任老师，父母在培养男孩性格时要做到引领作用。当父母在生活中或工作中遇到难题时，是选择坦然应对，还是选择逃避？父母做事的方式会直接影响男孩的性格。遇到难题能够保持自信、乐观的父母，自然能养育出不畏艰难、乐观自信的男孩；遇到难题就怨天尤人的父母，也难以培养出心态阳光的男孩。

（4）多鼓励男孩交乐观的朋友。

性格乐观的男孩就像一道阳光，能够温暖身边的人，传递正能量。而不善交际的男孩则仿佛活在自己的世界里，会因享受不到友情的温暖而倍感孤独。

因此，对于性格内向、不善交际的男孩而言，更应该多认识一些性格开朗的朋友，借别人的热情点燃自己心中的星星之火，这将有助于男孩认识更多的人，养成更豁达的胸怀、更乐观的性格。

当然，父母是男孩最亲近的人，父母需要率先垂范，与他人和谐相处才能给男孩打造迅速融入集体的氛围。

古往今来，历史上成大事者皆具有阳光的性格。马云经历创业初期失败无数次，王健林经历身负外债4000多亿元……如果没有阳光的性格，何来如今的成功。如果男孩拥有阳光的性格，不仅言行举止间能让身边的人如沐春风，更是在男孩心中打造了一座不被失败所打败的堡垒，让男孩的世界充满阳光。

第五章
赋予男孩冒险精神，把男孩培养成勇敢的“男神”

有人说“真正成功、可敬的人，必定是勇于面对现实、敢于放眼未来、敢于冒险的人。”因此，对于男孩冒险精神的培养是必要的。那些经常徘徊在是让男孩冒险，还是确保男孩安全的父母，无疑是将男孩禁锢在自己的羽翼下，这样男孩失去的将不仅仅是快乐，还有如何识别危险、正确处理危机的能力以及勇往直前的动力。

男孩的胆识是父母给的，也是父母毁的

胆识对于一个男孩来说是非常重要的，它关系到一个男孩是否能成为能力出众的人，能否在成长的路上斩荆披棘，能否拥有一个成功的未来。然而很多原本聪明伶俐、各方面表现不错的男孩因为缺少胆识，而最终变得平凡。

4岁开始学钢琴的然然，在小学一年级时已经能弹得一手好钢琴，但是由于性格内向、胆小，所以他在很多机会面前都表现得很怯懦，也因此失去了一些在公开场合表现自己的机会。

比如，六一儿童节的时候，学校举行文艺演出，同桌好友鼓励然然去弹琴，但然然觉得在那么多人面前表演，自己肯定弹不好，所以连忙拒绝了。后来市里举行了钢琴比赛，老师推荐然然去参加，他依然没有勇气去证明自己，甚至班级内举行的一些活动，他也不参加，每次都找理由和借口推托，总担心别人会笑话自己。久而久之，再举行活动时老师和同学也都不叫他

了，反而一些才艺不如他的同学，因为积极参加活动而获得了展现自己的机会，也因此获得了一些荣誉和老师的关注。

尽管然然自身条件各方面都不错，但由于胆小怯懦，一直不敢表现自己，所以在很多人眼里然然是一个表现平平的男孩。

事实上，然然的这种怯懦心理是男孩在成长中必然会经历的，这种不成熟的心理表现一般会出现在男孩的儿童时期。因为儿童时期的男孩已经有一定的思考和判断能力，他们能基本判断出事物是否安全，但又没有足够强大的心智去触碰不安全的事物。因此，他们很容易出现不敢尝试的胆小心理，以至于当他们遇到自己认为安全的事物时会敢于尝试，而当他们遇到自己认为不安全的事物时便会退缩。

当然，男孩会出现怯懦心理不仅是他们心智不够成熟的原因，更多的原因是来自父母，也就是说，男孩的胆识很多时候是被父母毁的。如，父母过于强势，使男孩的内心产生极大的负担，以至于变得胆小，缺乏胆识；或是父母缺乏胆识，男孩学习父母的做事方式，进而变得怯懦；或是父母常常用语言或行为等威胁、吓唬男孩，导致男孩慢慢失去胆识……

通常，男孩如果长期处于“怯懦心理”，不仅会影响他们的身心健康，更会影响他们的正常生活，因此，父母需要给予男孩胆识，而不是因为自己无意识的错误教育而毁掉男孩的胆识，否则毁掉的将会是男孩的一生。

契诃夫曾经说过：“困难与折磨对于人来说，是一把打向坯料的锤，打掉的应是脆弱的铁屑，锻成的将是锋利的钢刀。”

的确，对男孩来说，怯懦会阻碍男孩很多的积极行动，让男孩面对委屈不敢表达、面对伤害不敢还击、面对误解不敢争辩、面对困难不敢去努力，从而丧失挑战命运、战胜自己的勇气和机会，使自己陷入被动。

因此，在教养男孩的过程中，教孩子学会勇敢也是父母不可推卸的责任。具体来说，可以参考以下做法。

（1）不要恐吓孩子

在日常生活中，我看到最多的教育方式，就是父母对于孩子的恐吓。比如，孩子哭闹的时候，有的父母会对孩子说：“你再哭，大灰狼就把你叼走了。”“你再哭，我就不要你了。”

这样的教育方式，是极其有害的。恐吓孩子有时的确会让孩子收敛一些自己的行为，但经常如此就会让孩子形成怯懦、胆小的性格。因此，要想让孩子变得更勇敢，作为父母，我们首先要做到的就是不要恐吓孩子。

（2）当男孩面对困难退缩时，父母要正确对待。

男孩在面对第一次接触的事情时，多少都有些怯懦、退缩心理，此时父母不要将男孩和其他男孩做比较，更不要呵斥男孩，这样只会加剧男孩的怯懦心理。父母应该正确对待男孩的退缩行为，积极鼓励男孩，引导男孩克服内心的怯懦，勇敢向前。

（3）不要给男孩设置条条框框。

很多父母总是会给男孩设置些条条框框，并严格按照这些要求规范男孩的行为。如，不让男孩去湖边，说会有危险；不让男孩吃糖，说对牙齿不好；不让男孩独自出门玩，说不安全……这些父母自认为对男孩好，避免男孩受到伤害，所以他们从不让男孩去尝试，久而久之，男孩原本有的一点儿胆识的“火苗”就会被浇灭，进而变得怯懦。因此，父母要学会放手，把给男孩规定的那些条条框框丢掉，让男孩自己辨别事物的危险性，自己衡量与判断，以增长他们的胆识。

（4）父母亲身示范男孩认为危险的事。

胆小并不是天生的，胆识也不是天生的。它们都源自父母，如果父母在看到男孩不敢尝试某些事情时，可以亲身示范这些事情，当男孩看到父母的示范后，出于对父母的信任，他们的内心也不会那么惧怕了，自然敢去尝试了。

（5）不要将消极面扩大，应该强化事情的积极面。

很多父母常常会将自己的注意力放在事情的消极方面上，在教育男孩的时候也是如此。比如，他们对于男孩做错的事情总会一次又一次地批评指责，不断给男孩指出他哪里做得不好、哪里需要改正，即使他们要求男孩要做好什么事情时也是不停地说："洗碗时别打坏了碗。""洗衣服别浪费水。""吃饭别把饭粒掉在桌上。"

太过于强调事情的消极面会让男孩产生自卑，或者会产生一定要做好某事的心理压力。随着经验的增长，男孩慢慢知道了事情的消极面是父母所不喜欢的，有时就会为了讨好父母，尽量避免事情的消极面，又因为怕事情做不好而遭到父母的指责，就会尽量避免去做这件事，而孩子这种逃避做某事的行为就容易被人认为是怯懦的表现。

因此，父母在看到男孩胆小不敢尝试时，应该鼓励男孩，用积极的语言激励男孩克服怯懦，而不是将消极面扩大，加深男孩的怯懦。

（6）对孩子不可太强势。

经验告诉我们，太强势的父母容易教养出怯懦的孩子。我曾在网上看到这样一句话："孩子还很弱小，在狼面前他做不了狼，只能做羊，怯懦的孩子只有在羊面前才能成为狼。"父母高高在上而且很强势，这会使年幼的孩子心里有很多恐惧，他没有能力战胜父母的强势，就只能自己退缩，以免受到更多的伤害。因此，要想让孩子变得更勇敢，作为父母要注意不要太过强势。

当然，父母要增强男孩的胆识，方法远不止以上六种。父母可以将上面的方法与自己孩子的特点结合起来，总结出适合自己孩子的方法，帮助男孩获得胆识。总而言之，男孩的胆识是父母给的，也是父母毁的，父母要有意识、有计划地对男孩进行勇敢教育，培养男孩勇敢的性格。男孩只有有了胆识，才能在将来的成长之路上，乃至他们的一生中策马奔腾。

放手让男孩去玩，男孩才不会活在框框里

很多父母或许都因为男孩很贪玩而感到头疼过。其实，对于男孩的贪玩，父母大可不必过度在意，因为玩是男孩的天性之一，男孩总是会对身边的事物充满好奇，而玩正是男孩探索世界的一种方式。很多时候，男孩在玩的过程中会学到很多知识，因此父母应该正确地看待男孩的“玩”，不要武断地认为男孩爱玩就是不务正业。

哈佛大学著名儿童心理学专家组曾经做过一项研究调查，其调查结果显示：从小就很贪玩的孩子，尤其是那些玩得较为疯狂的孩子与那些从小循规蹈矩不能自由玩耍的孩子相比，智力要相对高一些，而且在遇到问题时，解决问题的能力也更强一些。

可见，玩对于男孩来说是有利于他们的智力发展和思维发展的。然而，国内的绝大多数学校和家庭都将男孩的玩看作不务正业，纷纷对男孩的玩耍行为进行打压。父母们为了防止男孩“不务正业”，常常制定一些规则，将

男孩禁锢在框框里，让男孩依据父母的意愿行事。父母这样的做法真的是对男孩好吗？其实不然，如果男孩玩耍行为被父母过度地限制，男孩将会活在“框框”里，长大后也不会有什么建树，可以说父母对男孩玩耍行为的过度限制，其实是对男孩未来发展的限制。

有时候，如果父母能适当地“纵容”男孩去玩，不让男孩受困于父母制定的“框框”里，或许男孩会成为一个更聪明的孩子。

刘亮涛就是一个因为好“好玩”而收获精彩人生的男孩。

从小，刘亮涛就有一个让父母特别头疼的毛病，那就是贪玩。别人的孩子在忙着写作业时，刘亮涛也在忙，但他却是在忙着制作抓虫子、捕蝴蝶的“捕虫器”，忙着将玩具、简单的电器“解剖”……刘亮涛总是因为玩而忽视老师布置的家庭作业。

为此，刘亮涛的父母不知道教育过他多少次，没收过他不少工具，但是都没能阻止贪玩的他。刘亮涛依旧我行我素地制造出各种各样的工具，因为搞“发明创造”是他的兴趣，他有很多的“鬼点子”。

老师对此感到非常头疼，因为老师觉得刘亮涛是个非常聪明的孩子，如果他能把这股聪明劲儿用到学习上，他的学习成绩绝对能在班上名列前茅。刘亮涛的父母和老师试过各种办法，都没能将刘亮涛的兴趣从“玩”拉到学习上。以至于刘亮涛最终在小学毕业后进入了一所普通的中学，学习成绩依旧平平。

除了学习成绩没有改变外，刘亮涛爱玩的个性仍然没有改变，他依然如同小时候一样，喜欢一边玩儿一边制作不同的发明。随着时间的推移，刘亮涛“玩”得越来越有经验，发明的东西也越来越成熟。在整个中学时代，他多次代表学校参加一些省级赛事，有一次还在全国性的发明创造比赛中获得了大奖……

相信刘亮涛的故事能对父母有所启示。让男孩释放他们爱玩的天性，男孩极有可能在玩的世界中找到自己的兴趣及天赋。如果父母因为担心男孩玩得过了火，出了格，进而脱离自己的掌控而选择限制男孩的贪玩行为，那么男孩的潜能和天赋势必将被扼杀在摇篮之中，其实是在扼杀男孩的未来。

马云曾经在一次博览会上发言道："未来三十年是最佳的超车时代，是重新定义的变革时代。如果我们继续以前的教学方法对我们的孩子进行记、背、算这些东西，不让孩子去体验，去玩，不让他们去尝试琴棋书画。那么我可以保证：三十年后男孩们找不到工作。因为他们无法竞争过机器、智能。"这样"语出惊人"的言论应该能刺痛各位父母的内心吧。

现实生活中，很多父母虽然给了男孩物质上的生活与享受，可同时也剥夺了男孩玩的自由，不停地给男孩报补习班、让他们参加技能培训，导致他们活在山一般的压力下透不过气来。但这样剥夺男孩玩耍的自由，让男孩一味地学习，就能让男孩取得成功吗？当然不能，就像马云说的，如果你再坚持以前的教育方式而不做出改变的话，如果你不让男孩去体验、去玩，那么你的男孩就会变成一个整天无所事事、对未来生活感到迷茫的人。

真正懂得玩的人、会玩的人，他们都是在玩的过程中加深了对这个世界的认知和了解。男孩也是，只有在玩的过程中，亲身经历了、体验了、实践了，他才能更好地认识事物的本质与内在。

生活中，那些真正懂得玩的人，他们会把工作与生活有效地结合起来，所以他们的工作是有趣的、有创造力的、充满快乐的。相反，那些不爱玩、不懂玩的人，他们的内心会觉得生活是枯燥乏味的、人生是了无生趣的，并因此而缺乏创造力。

那么，为了更好地帮助与鼓励男孩去玩，父母应该如何去做呢？

（1）观察男孩的喜好。

对于贪玩的男孩，父母平时应该细心观察并留意男孩的举动，看男孩爱玩什么、爱怎么玩……并认真分析这样的玩法对男孩是否有益，不要不分青红皂白就对贪玩的男孩横加干涉或胡乱指责。

（2）帮男孩合理安排玩的时间。

爱玩的男孩，玩起来会投入过多的精力与时间，如果不加以节制就会造成不良影响。若想改变男孩贪玩的现象，父母应该帮男孩合理安排玩的时间，并教会男孩“玩什么”“怎么玩”和“什么时间段玩”，使男孩能够在“玩”中受益。

这样，男孩在玩的过程中不仅能开阔自己的眼界，同时也能增加自己的知识面。所以，父母应当鼓励男孩开心快乐地去玩，千万不要把男孩的一举一动都限制在框框里。

（3）引导男孩去玩。

一般来说，爱玩的男孩兴趣爱好都是十分广泛的，但同时他们玩的时候也会过于认真，不能自制。所以聪明的父母要做的不是想办法去限制男孩玩，而是合理正确地引导男孩，把男孩玩的爱好往特长、兴趣等有益于男孩学习的方面去引导。

男孩的成长是一个社会化的过程，他们在社会中的发展技能都源于生活的方方面面。所以让男孩玩很重要，父母若想把男孩培养得更优秀、更出色，就不要把男孩限制在框框里，而应该放开男孩的手脚，鼓励他们去玩，让男孩在玩中学、玩中做，你会发现他的人生同样精彩与出色！

如果不敢冒险，男孩何以成为勇敢的“男神”

很多父母会遇到这样的困惑：我儿子胆子特别小，我该怎么办？

比如：在课堂上，不敢当众发言；受委屈时，就一个人默默躲在墙脚哭泣；从不在人前表达自己的想法；遇到事情也不敢与老师、父母说，只是把自己关在房间里；对游乐场没有兴趣，害怕带有稍许刺激性的游乐项目；不敢参加集体活动，不相信自己能够在集体活动中表现出色……父母的这些烦恼，让浩浩的妈妈感同身受。

浩浩就是一个特别胆小的男孩，一遇见人就往妈妈身后躲。在学校里，为了避免遇见老师他会选择绕道走。一只蟑螂都能把浩浩吓得号啕大哭；朋友家的小狗，也让浩浩心生畏惧。

有一次，浩浩正在吃小鱼干，邻居家的小猫跑了过来，吓得浩浩哭了起来。为此，浩浩的妈妈还与邻居大吵了一架。浩浩的爸爸妈妈都很苦恼，胆子这么小，浩浩以后可怎么办才好？

浩浩晚上睡觉的时候，也要整夜开灯，5岁了还不能独立睡觉。如果浩浩半夜睡醒发现自己是独自一人，便会一个人偷偷抹眼泪。如果遇到电闪雷鸣等恶劣天气，浩浩更是躲在角落里瑟瑟发抖。

在浩浩小时候，爸爸妈妈还认为是浩浩年龄小，长大后就好了。但随着浩浩年龄的增长，这个问题并没有解决，反而愈发严重了，为此浩浩的爸爸妈妈焦心不已。

男孩不敢冒险、不敢尝试，该怎么办？这是令很多父母头疼的问题。是什么让男孩不勇敢呢？

首先，父母需要弄清楚男孩为什么不敢尝试，不敢冒险？这种害怕是与生俱来的，还是后天形成的？知道了原因父母才能对症下药，减少男孩的恐惧感，增强男孩的勇气。

具体而言，男孩不敢冒险，主要有以下几个方面的原因：

第一，男孩天生胆小。父母性格内向、社交能力比较弱，男孩遗传了父母的性格。

第二，家庭环境因素。有的男孩从小由爷爷奶奶照看，接触的圈子有限，男孩所接触的思维和事情十分有限，难以形成独立的性格。另一方面是隔代教育最容易产生的问题，就是男孩被过度溺爱，事事被爷爷奶奶代劳，依赖性很强，难以适应瞬息万变的社会环境。

第三，家庭教育方式不恰当。小时候，当男孩调皮捣蛋时，有的父母会用“大黑猫”“鬼”“大灰狼”来吓唬男孩，使男孩产生恐惧心理。当男孩出去玩时，有的父母会用“外面有很多坏人”“坏人会把你带走”等话语阻止男孩出去，使男孩产生外面的人都是坏人的感觉。

第四，父母对男孩的限制过多。比如，当男孩攀爬时，家长担心男孩会掉下来，从而限制男孩攀爬；当男孩去河边喂鱼时，父母担心男孩会掉入河中，从而限制男孩到河边去；当男孩想与宠物亲近时，父母担心男孩会受到宠物的伤害，就将宠物描述成“巨大的野兽”使男孩产生恐惧心理，令男孩对宠物望而生畏，从而造成男孩不敢尝试新事物、不敢冒险的心理，男孩自然也就形成了胆小怯懦的性格。

第五，男孩的朋友圈选择不正确。有的父母发现男孩性格胆小怯懦时，会想当然地鼓励男孩与年龄较大的人交朋友，认为年龄较大的人胆子也大，殊不知，胆量的大小与年龄并没有直接关系。将男孩置于不合适的圈子会取得适得其反的效果。因为不同年龄段的男孩的身体和心理成熟度大不相同，将男孩置于年龄较高的朋友圈，会让男孩觉得自己事事不如人意，从而产生社交恐惧感。

当男孩不敢冒险时，父母首先会想到让男孩勇敢起来。那么，什么是勇敢呢？

在生活中，人们常常夸赞那些遇到风波能够波澜不惊、风轻云淡地处理的男孩非常勇敢。很多父母希望自己的男孩也是勇敢无畏的人，不想自己的男孩成为唯唯诺诺的人。然而，有的父母认为只要胆子大，不畏惧任何艰难险阻，迎难而上就是勇敢。实际上并非如此，没有智慧的勇敢可能只是鲁莽。

崇尚勇敢、希望自己也能够成为勇敢的人，是男孩的天性。但是，对于年幼的男孩而言，很难分清楚什么是勇敢、什么是鲁莽。当男孩误将“鲁莽”当成“勇敢”时，父母需要警惕起来，多了解男孩的想法，如果男孩产生鲁莽做事的想法，父母需要想办法防止危险发生，并且做好相应的处理。

勇敢与鲁莽，两者虽然有相同之处，但从本质上来说却截然不同。勇敢的人是智慧而冷静的，鲁莽的人是热血而缺乏思考的。勇敢的人是“张飞穿针，粗中有细”，鲁莽的人是意气用事，一意孤行。

父母在进行性格教育时，需要多鼓励男孩的勇敢行为，尽量避免男孩的鲁莽行为，这就要求父母需要教会男孩如何权衡利弊、如何做出让自己与他人收获最大、损失最小的勇敢举动。

作为父母，都希望男孩能够胆大心细、有勇有谋，但男孩的性格是多样化的，有的男孩胆子很小，对此，一些父母便训斥男孩，甚至是嘲笑男孩，将男孩视为“胆小鬼”，这些不合理的标签会给男孩的身心造成很大的伤害。这不仅无法改变男孩胆小的情况，反而会加重男孩的心理负担。

因此，父母需要选择适合的方法，来帮助男孩克服胆小，从而培养起男孩勇敢的品质。具体而言，父母需要做好以下几个方面。

（1）让男孩正视他的恐惧感。

心理学家认为，只有当男孩意识到他们所恐惧的东西是客观存在的，才会相信父母对恐惧事物所做的解释。因此，父母对待男孩令男孩恐惧事物的态度是至关重要的。比如，当男孩恐惧小动物时，父母可以讲一些关于动物的科普知识，告诉男孩与这些动物的相处之道。同时，父母还可以带男孩去宠物店，让男孩抚摸小动物，通过亲身接触，增强男孩的安全感。

（2）父母要树立勇敢的形象。

喜欢模仿是男孩的天性，父母的喜好、性格特征对男孩的影响极大。如果父母想培养男孩勇敢无畏的性格，父母需要自己树立起勇敢的形象。除此之外，父母也可以和男孩分享自己曾经害怕过的某些东西，而现在已经不害怕了的经历。这样，男孩就会明白“害怕”是一件很正常的事，而走出害怕是一件勇敢的事。

（3）用男孩的语言与男孩交流。

比如很多男孩害怕鬼怪，那么男孩眼中的这些鬼怪是怎么来的呢？大多是从童话故事书中看来的，在这种情况下，父母给男孩讲述唯物主义等理论知识是难以取得成效的，最有效的方式就是用讲童话故事的方式，告诉男孩鬼怪是故事里的，而不是现实中的。用男孩熟悉的方式与男孩交流，男孩就会很容易接受，并且消除恐惧心理。

（4）透过现象看本质。

男孩可能通过言行不一致来掩盖他们真正所害怕的事情。比如，当父母外出时，有的男孩哭闹不止，拉扯父母的衣服挽留父母，表面上看起来是舍不得父母外出，实际上是害怕一个人在家里。因此，父母要认真观察男孩的日常言行，透过现象看到男孩惧怕的本质，然后对症下药，治好男孩的恐惧心理。

（5）从小培养男孩的独立性。

很多男孩恐惧的根源就是缺乏独立性，小时候很多事情被父母包办，男孩的能力与认知都没有发展的机会。当男孩上幼儿园之后，相比较同龄的小朋友，可能某些方面会存在一定的落后，从而让男孩产生自己能力不足、不能做好的畏惧心理。

男孩爱拼才会赢，所以，父母需要明白有一种爱叫作放手。如果父母能放手让男孩勇敢冒险，能宽容看待男孩冒险后的失败，又何愁男孩不能成为勇敢的“男神”呢？又何须担心男孩不能在未来取胜呢？

成全你家的“破坏王”，激发他的潜能

大多数人总是有这样一个思维定式，认为父母对男孩的纵容和成全会让孩子变得任性、霸道、我行我素。诚然，这样的想法有一定的道理，但却不尽然。很多时候，孩子的健康成长同样需要父母的合理成全。下面案例中壮壮爸爸的做法就很值得借鉴。

壮壮很小的时候就喜欢搞“破坏”，在家里，每天都会上演“解剖”玩具的戏码，家里的各个角落都能找到被壮壮拆掉的玩具小零件。后来，壮壮甚至把“解剖”实验用在了电视机的遥控器上，然而对于壮壮这个“破坏大王”，爸爸从来没有批评过一句。

在壮壮8岁生日的时候，小姨送给他一个在国外旅游时买的遥控警车玩具，壮壮收到礼物的当天就把遥控警车给“解剖”了。看到壮壮的举动，爸爸并没有生气，更没有批评他，而是竖起了大拇指说：“壮壮，你太厉害

了，这个遥控警车构造很复杂，你居然拆开了。”听到爸爸的表扬，壮壮自豪极了。

接着爸爸拿起遥控警车的主要构件，给壮壮讲起了它的结构，以及它的工作原理，随后便在一旁指导壮壮将零件组装起来，没想到的是，壮壮居然组装得完好无损，且遥控警车的功能也能正常使用。爸爸看到认真听自己讲解，并努力将遥控警车玩具组装完整的壮壮，又表扬道：“壮壮，你真是太棒了，竟然还能自己组装遥控汽车！”

在爸爸的鼓励下，壮壮的“破坏”行为更是有增无减，不过与其他孩子的破坏不同的是，他每次都会努力将自己拆掉的东西恢复原样，并找爸爸要表扬。当然，也有被拆后不能完全恢复的东西，此时，壮壮也会向爸爸寻求帮助，在爸爸的指导下将东西修好，即使有些东西被拆后无法修复，爸爸也从未批评、责骂过壮壮。

几年后，壮壮在爸爸的鼓励下，激发了自己在机器人方面的潜能，成为当地最年轻的机器人比赛冠军。

父母们是想做然然爸爸这样，成全男孩的“破坏”，激发男孩潜能的父母，还是想继续做一名给男孩设置条条框框、不许孩子搞破坏的父母？答案显而易见。

心理学家认为，男孩在看到自己喜欢的事物时，内心的好奇、求知欲以及探索欲会“指使”他们去了解，其实男孩并不是真的想要搞破坏，而是想知道小汽车会跑的原因、遥控器会控制电视的原因……或许这些“破坏”的背后，隐藏着的正是男孩的潜能，因此，父母应该成全男孩的破坏行为，以发展男孩的思维、培养男孩的动手能力，进而激发男孩的潜能。

如果父母在看到男孩的“破坏”行为时，盲目地阻止、训斥、打骂，不仅会给男孩带来心灵上的创伤，同时还会使男孩渐渐失去积极探索的欲望，甚至可能会阻碍男孩的思维发展，扼杀男孩潜能的萌芽，而重视和爱护男孩的“破坏”行为，用宽容的心对待男孩的“破坏”行为才是父母应该做的事。

父母应该怎么做，才能真正地成全男孩的“破坏”，激发他们的潜能呢？

（1）父母应该支持和鼓励男孩“搞破坏”。

男孩天生就是“破坏王”，他们应该享有“破坏”的权利。对于男孩来说，他们对身边的事物都充满着好奇，他们想要了解这些事物，然后就会通过“破坏”来探索新知识。父母应该支持和鼓励男孩的“破坏”行为，并利用男孩的“破坏”引导男孩思考，帮助男孩找到他们想要的答案。当然在引导男孩思考的过程中，要让男孩知道破坏行为中不恰当的部分，这样才能更有效地帮助男孩找到正确的探索方向，激发男孩的潜能。

（2）父母应该适时地参与男孩的“破坏活动”。

很多时候，男孩对自己“破坏性”背后的才能和天赋是没有意识的，需要父母用积极的态度去引导和激发，他们的“破坏活动”也需要父母的鼓励和参与。男孩通过双手和双眼进行着他们的“破坏活动”，这个过程满足了他们的好奇心、求知欲和探索欲，同时也是激发男孩潜能的过程。

父母适时地参与这个“破坏活动”，能帮助男孩激发出更多的创造力以及对事物的探索欲。这样一来，不仅能在与男孩互动的过程中，引导男孩探索出答案，满足男孩内心的求知欲，同时还能增进亲子关系，一举两得。

（3）为男孩创造“破坏”的机会。

要给男孩创造“破坏”的机会，如为男孩选择一些开发智力的、结构较简单的玩具等，并多与男孩说些相关的问题，引导男孩在“破坏”中思考，指引他们从中探索答案。

虽说父母应该成全男孩的“破坏”行为，但需要注意的是，父母应该将安全教育渗入男孩的“破坏”中。父母要在日常生活中有意识地告诉男孩哪些东西是安全的，是可以“破坏”的；哪些东西是不安全的，是不能“破坏”的。此外，对于男孩初次接触的具有危险性的事物，父母应该及时告知男孩可能会出现的危险，以及如何应对这些危险。这样才能保证男孩安全地进行他的“破坏”。

“破坏”是男孩成长的必经之路，每个男孩都会经历“破坏”的高峰期，男孩会在“破坏”的过程中不断地激发出他的潜能。因此，父母们请成全你家的“破坏王”吧，“破坏”是男孩开启潜能之门的“金钥匙”，激发出男孩的无限潜能！

第六章

别怕挫折洗礼，教会男孩做内心强大的自己

人的一生总会面对各种失败和挫折，如何教男孩在成长的过程中面对挫折，不断发掘自身潜力，做内心强大的自己非常重要。父母要帮助男孩增强抗挫折的能力，给男孩插上自信的翅膀，助他穿越重重障碍。

必要的磨炼，是男孩成长的关键

在自然界中，有一种名叫帝王蛾的昆虫，它的羽翼特别大，长达几十厘米，当幼虫达到一定的生长周期后，必须拼尽全力通过狭小的洞口，才能破茧而出，成为类似于蝴蝶的飞行昆虫。但是这一过程极其痛苦，有些幼虫因为无法冲破障碍，最后力竭而亡。

于是，有人为了帮助幼虫，就用剪刀把洞口剪大，好让幼虫减轻痛苦，顺利爬出来。然而这些在人类的帮助下爬出来的幼虫，始终都飞不起来，只能拖着多余的翅膀，在地上爬来爬去，最后因无法捕食而死亡。

原来，在人类看来极其痛苦的过程，正是让帝王蛾获得飞行能力的关键，通过狭小洞口的挤压，可以帮助帝王蛾将血液顺利送到羽翼的组织中去，只有双翼充血，才能让帝王蛾展翅高飞，而人类的帮助反而让帝王蛾失去了充血的机会以及飞翔的能力。

泰戈尔曾说过：“只有经历地狱般的磨炼，才能炼出创造天堂的力量；

只有流过血的手指，才能弹奏出世间的绝唱。”

和帝王蛾一样，男孩的成长历程也是不能替代的，必要的磨炼和拼搏，可以让男孩积累必要的生活经验，这样他们才能拥有“飞翔”的能力。

现如今，许多男孩都是独生子，父母给予了他们太多的宠爱，不想让他们受太多的磨难，希望他们能顺利成长，于是过多地参与到他们的成长中，结果不仅没能实现“助飞”的初衷，反而让男孩失去了“飞翔的翅膀”。

必要的磨炼可以锻炼男孩坚强的性格和品格，而过多的宠爱只会让男孩缺乏坚强的品格，使之逐渐变得懦弱。坚强的品格可以帮助男孩在社会上站稳脚跟，反之，懦弱只会让男孩在面对困难时，选择逃避和放弃，那么男孩将来付出的代价会更大。

父母要让男孩懂得：在人生的道路上，跌倒并不可怕，我们要用坚强的毅力和勇气重新站起来，用强大的内心面对人生的挫折。

当然，坚强的品格和强大的内心并不是男孩与生俱来的，而是在后天的培养中逐渐形成的。要想让男孩成为“坚强的战士”，父母可以试试以下几种方法：

（1）从小事做起，通过小挫折磨炼男孩的坚强品格。

坚强的品格和强大的内心不是一朝一夕就能形成的，它需要一点一滴、持之以恒、循序渐进地积累。

比如，当男孩摔跤了，可以让他自己爬起来，而不是急急忙忙地伸手去扶；当男孩上小学后，如果父母工作都很忙，可以让他自己学着坐车回家……

通过这些生活中的小事，让男孩明白，遇到问题时，要依靠自己的力量解决问题，这样才能逐渐锤炼男孩的内心，让男孩拥有坚强的品格和强大的内心。

（2）父母要狠下心。

有些男孩性格软弱、优柔寡断，遇到挫折就逃避、退缩，承受挫折的能力很差，面对这样的男孩，父母必须要狠下心来，舍得让他们吃点苦，这样男孩才更坚强、更有担当。

轩轩从小就备受妈妈宠爱，妈妈舍不得让他受一点委屈，无论他有什么样的要求，妈妈都会满足他，可谓是“要风得风，要雨得雨”。

轩轩很喜欢看电视，每天都看得很晚，每次妈妈让轩轩早点去睡觉，他就向妈妈撒娇、耍赖。虽然妈妈知道这样会影响他第二天上课，但还是放任他继续看电视。

有一次，班级举行团体比赛，在比赛的过程中，轩轩坚持不下去，中途想要放弃，老师在旁边说了他几句，他竟然委屈地当场大哭了起来。这让老师觉得轩轩太懦弱、太没有担当了，不像个男子汉。

这件事后，老师与轩轩的妈妈做了一次深度交流。此时，妈妈才意识到，轩轩之所以缺少男孩该有的坚强品格，是因为自己平时对轩轩太放纵了，没有狠下心来教育他。

只有拥有坚强品格的男孩，才能在摔跤后重新站起来继续前行，直至最后胜利。因此，父母在日常生活中要狠下心，培养男孩坚强的品格，让男孩未来的路走得更稳。

（3）离开父母，让男孩自己生活一段时间。

有些男孩之所以不够坚强，是因为没有经历过磨炼，遇事总找父母帮忙。

对于这样的男孩，父母可以在合适的时机让他们离开自己，独自生活一段时间。让男孩依靠自己的能力解决问题，哪怕是最简单的衣食住行，都可以让男孩从不会到会，从会到熟练，这些生活中的困难和挫折同样可以帮助男孩磨炼出坚强的品格。

对于男孩来说，没有经历过磨炼，就感受不到战胜困难的快乐，因此，必要的磨炼是锻炼男孩的最好教材。在人生的道路上，那些拥有坚强品格和强大内心的男孩，能从容地面对生活的挫折，谱写出属于他们的人生乐章。

培养抗挫折能力，让男孩越来越勇敢

男孩在成长的过程中，难免会遇到各种各样的挫折，这是正常的现象。然而，现在许多男孩的抗挫折能力普遍较差，有的男孩因为一点小委屈就离家出走；有男孩因为一次考试成绩不理想就一蹶不振；甚至还有的男孩因承受不了挫折而轻生。

通常，多次受过挫折的男孩，其意志力和心理承受能力会强一点；反之，那些从没受过挫折，或者很少经受挫折的男孩，其意志力和心理承受能力会相对较差，情绪稳定性也比较差。所以，培养男孩的抗挫折能力是一个不容忽视的教育问题。

男孩心理素质的好坏取决于其心理承受能力的强弱，同时也能反映男孩在面对挫折时的表现和情绪控制能力。男孩的抗挫折能力要从小培养，否则当男孩长大后，会因经不起挫折和困难而被社会淘汰。

有的男孩遇到挫折会愈战愈勇，勇敢地面对挫折，直到走出困境；而有的男孩遇到挫折就一蹶不振，被挫折“打趴下”，甚至会做出一些极端的行为来逃避挫折。如果一个男孩抗挫折能力较低，或者不具备抗挫折能力，那么一个小小的挫折在他眼里也会是疾风骤雨。

当然，男孩的抗挫折能力并不是天生就有的，父母需要帮助男孩培养抗挫折能力，让他们在人生的道路上勇往直前。

父母可以回想一下，男孩刚学走路时是怎样的，他们是害怕摔跤，将摔跤当成“天大的事”吗？还是跌倒了坚强地爬起来继续前行？

其实，培养男孩的抗挫折能力非常简单，并不需要高深的理论和技巧，只需要给男孩 “摔跤”的机会，并在恰当的时机给予鼓励即可。然而，在现实生活中，许多父母却因为做不到以上两点，才导致了男孩普遍抗挫折能力差的现象。父母为了避免男孩遭受风雨的苦楚，为他们搭建遮风避雨的“暖房”，殊不知，也因此让男孩失去了对抗风雨的能力。

那么，父母应该怎样做，才能培养男孩的抗挫折能力，让男孩越来越勇敢呢？以下几点建议可供父母参考：

（1）给予男孩足够的安全感，切忌过度保护。

安全感的强弱直接关系到男孩内心的强弱，安全感强的男孩知道不管在什么情况下，他都有亲人的爱和支持。需要注意的是，这里的爱不是溺爱，溺爱不仅给不了男孩安全感，还会磨灭男孩的意志力。

此外，在日常生活中，父母可以让男孩做自己力所能及的事，不要过度保护，那些自理能力强、独立意识强的男孩抗挫折能力也会相对较强。

（2）赞扬要适度，避免过度赞扬男孩。

相信父母们在有孩子的场合中，经常会听到这样的赞美声：“宝贝，你真棒！”“你真聪明！”“你做得真棒，他们都没你厉害！”“你是最好的，最聪明的！”……

这样的赞美声对于缺乏自信的男孩来说，的确可以帮他培养自信，但是，对于一个自信心爆棚，甚至有点自负的男孩来说，这样的赞美声只会让他迷失在赞美的言辞中，忘乎所以。日后当男孩遇到更强大的对手时，会因太过自信而看轻对手，一旦因此遭受挫折，轻则难过、沮丧，重则自卑、一蹶不振。

因此，父母在赞扬男孩时，要在不伤害男孩自尊心的前提下，按照社会的标准给予实事求是的评定，不能过度赞扬男孩，否则只会弄巧成拙。

（3）不要对男孩期望过高，要用平常心看待。

许多家长都有望子成龙的心态，处处拿别人家男孩的优势来和自己家男孩做比较，时刻关注补习班、分数和排名，对男孩的期望很高，生怕男孩落后于人，希望他每一科都非常优秀，处处超越别人，如果男孩有哪一方面稍不如人，就大失所望，甚至大发脾气。

在这种环境中成长的男孩，会变得很敏感，患得患失，因为害怕面对失败，所以不会轻易尝试没有把握的事，这样的男孩在面对挫折时会不堪一击。因此，父母要用平常心看待男孩，不要对男孩期望过高，以免给男孩造成严重的心理负担。

（4）给男孩经受挫折的机会，不要事事包办。

在日常生活和学习中，男孩会遇到很多大大小小的困难和挫折，父母千万不要因为怕男孩吃苦而选择事事包办，父母要给男孩足够多的时间和空间去探索，让男孩在适度的挫折中磨炼自己的品格和毅力，培养他们的抗挫折能力，让男孩未来的道路更顺畅。

此外，在生活中，父母还可以有意地为男孩制造一些难度不是很大的挫折，并引导男孩正确面对挫折，鼓励男孩勇敢地战胜挫折，这样才能逐渐培养男孩的抗挫折能力。

总之，培养男孩的抗挫折能力不是一朝一夕就能完成的，千万不要因为男孩的个别失败就轻易否定他们，更不能把打击、挖苦、讽刺当作抗挫折能力训练，父母要学会就事论事，尊重男孩的自尊心。

增强男孩受挫后的自我恢复能力

对男孩来说，挫折教育是帮助其强大内心的一种行之有效的方法，但有的父母忽视了挫折教育中的重要一环，那就是增强男孩受挫后的自我恢复能力。要知道，挫折教育并不是越多越好，过多的挫折反而会让男孩对自己失去信心，因此，父母对男孩进行挫折教育的同时，还要引导男孩正确面对挫折，增强男孩受挫后的自我恢复能力。

生活中，有的父母看到男孩遭遇挫折，情绪低落时，便心疼万分，或是第一时间抱着男孩长吁短叹，或是从此把男孩呵护在自己的怀抱中，不让男孩受一点委屈，殊不知，这些行为都是不可取的。

正确的做法是，当男孩遭遇挫折时，父母应该引导男孩正确面对挫折，帮助男孩从受挫的失落情绪中走出来，并引导男孩从挫折中吸取经验和教训，然后找到战胜挫折的方法。这样才能让男孩在未来的生活中，在独自面对挫折时，能够泰然处之。

8岁的文豪是小学三年级的学生，他不仅性格开朗而且学习成绩也非常优秀，深得老师和同学的喜欢。在学校的运动会上，文豪参加了短跑比赛，没想到却是最后一名，这样的结果让从未遇到过失败的文豪很难过。虽然运动会已经结束很长时间了，但文豪依旧没能从失意的状态中走出来。

爸爸注意到文豪的状态后，问道："怎么啦，儿子，还在为上次运动会的事难过吗？"

文豪："是啊，从来没有这么丢脸过，居然是最后一名。"

爸爸说："其实，运动会结束后我问过你的体育老师，他说在这次参赛的学生中，除了你以外，都是高年级的学生，他们比你高，腿也比你长，所以对于你来说不是很公平。虽然你是最后一名，但你的速度在同龄孩子中也是数一数二的，而且你的姿势非常棒，我相信下次你和同年龄的同学一起跑的时候，你一定可以跑出好成绩。"

听了爸爸的话，文豪感觉自己没那么在意这次的名次了，很快就从失意中走了出来。

当男孩遭遇挫折的时候，父母首先要做的是保持平和的心态，坦然面对男孩的失败，然后帮助男孩找到问题所在，引导男孩走出失意的状态。毫无疑问，文豪爸爸的做法是值得父母们学习的。

但有些父母却认为男孩成绩的好坏关系到自己的"脸面"，所以只要男孩做错了什么事，或是失败了，就觉得男孩丢了自己的面子，于是劈头盖脸地对男孩一顿责骂，甚至挖苦、埋怨，从来不会冷静客观地接受男孩的挫折，长此以往，只会给男孩造成严重的心理阴影，甚至会导致男孩自暴自弃。

妈妈带着6岁的俊谦参加"儿童才艺大赛"，他表演的是钢琴独奏，没想到在表演的过程中俊谦出现了失误，曲子还没结束他就含着眼泪急匆匆地跑下了台。

当他走到妈妈面前时，妈妈不仅没有安慰俊谦，反而当着很多人的面大声责骂道："你是怎么回事，平时练琴时不是好好的吗？怎么一上台就忘了？这么丢脸，你还好意思哭，真是笨的可以。"

你看，俊谦妈妈的做法就极不明智，在这种情况下，她不应该只想着自己的面子，而是应该先肯定俊谦的成绩，说："没事，我觉得你开头弹得很不错，这是你第一次登台表演，紧张也是正常的，以后我们多参加几次活动，慢慢适应就好了。"或者是在俊谦登台前，告诉他这次的目标不是要拿名次，而是试一试，告诉他即使弹得不好也没关系，缓解他的紧张感，这样俊谦可能会轻松很多。

当男孩面对挫折时，父母一定要及时对其进行心理疏导，引导并教授一些方法，让男孩学会从容地面对挫折，以此达到帮助男孩增强受挫后的自我恢复能力。父母可以试着从以下几个方面入手：

（1）帮助男孩合理释放情绪。

有的男孩遭受挫折后，会闷闷不乐地把自己关在房间里，不愿意见人，也不愿意与人分享，这种做法只会使男孩的心理压力越来越大，长此以往不利于男孩的身心健康，对此，父母要采取适当的方式，引导男孩合理释放心中的情绪，把苦闷宣泄出来。

比如，父母可以找男孩谈谈心，或是用微信的方式向男孩表示自己愿意倾听男孩的心声，或是鼓励男孩找老师、朋友倾诉，抑或是鼓励男孩写日记，让男孩释放内心的压抑之情，缓解男孩的心理压力，从而帮助男孩稳定情绪，维护心理健康。

（2）转移男孩的注意力。

当男孩受挫后，情绪会变得不稳定，他们可能会急躁易怒，也可能会闷闷不乐，此时，父母还可以通过转移注意力的方法来帮助男孩消除心中的苦闷。

比如，可以一起看一场电影，或者全家一起外出游玩，或者邀请男孩的好朋友来家中做客，以此来分散他们的注意力，缓解他们的不良情绪，减轻他们的挫败感。

（3）引导男孩及时补救。

等男孩情绪稳定后，父母要及时关心男孩，和男孩一起分析受挫的原因，总结挫折中的经验和教训，找出失败的真正原因，并寻找补救的措施，只有这样，才能让男孩在未来的生活中勇于面对挫折，并愈挫愈勇。

总之，父母要学会对男孩进行挫折教育，引导男孩在“黑暗”中找到“光明”，鼓励男孩正确面对挫折，引导男孩在挫折中成长，这样才能增强男孩受挫后的自我恢复能力，将来男孩才能不惧挫折。

帮男孩修炼强大的内心，远离“蛋壳心理”

在本节开始前，先看看下面这个故事：

唐博非常喜欢下五子棋，只要有空，他就会拉着爸爸陪他“杀一局”，但他却并不怎么会下，可谓是“臭棋篓子一枚”。没办法，为了配合唐博的爱好，也为了培养他的“棋艺”，爸爸被迫应战。

在陪练时有一件事令爸爸很是苦恼，那就是下棋的时候爸爸不能赢，否则唐博就大发脾气，甚至又哭又闹，对此，爸爸只好每次都故意输给他，还不能让他知道是故意的。

有一次，唐博的舅舅来家里做客，正好爸爸又不在家，没人陪唐博下棋，于是舅舅便自告奋勇地陪唐博下棋。可没一会儿，唐博就发起脾气来，又是哭又是闹的，他说：“舅舅欺负人，我再也不跟他下棋了。”

妈妈询问后才知道，唐博和舅舅连下了好几局，但每次都是唐博输，所以唐博怀疑舅舅使诈，不想和舅舅下棋了。后来，还是舅舅哄着唐博，故意输给他三局才算好。

大家知道唐博为什么输了棋就哭闹吗？其实，这是唐博的心理太过脆弱的表现，虽然他很喜欢下棋，但是他输不起，一旦输了，情绪就变得异常低落，只会用哭闹来解决问题，甚至认为别人在欺负他。这种脆弱的心理其实是受到了“蛋壳心理”的影响。

“蛋壳心理”，指的就是孩子的内心脆弱、敏感，像鸡蛋壳一样一触即破，这是一种不健康的心理。有“蛋壳心理”的男孩只能接受赞美的声音，不能听到半点反对的声音；只能接受成功，不能接受失败。这样的男孩外表高傲，内心却脆弱不堪，有的甚至在面对挫折时还会表现出极端的行为……

在某一阶段，随着男孩自我意识的逐渐增强，他们开始有了输赢的概念，但是却不能正确看待输赢，同时又缺乏自我调节能力，因此自尊心会非常敏感、脆弱，很容易受到“蛋壳心理”的影响。

对于这种不良的心理，父母一定要做好引导作用，否则“蛋壳心理”将会成为男孩成长过程中的一大障碍。那么，父母应该怎么做才能帮助男孩修炼强大的内心，远离“蛋壳心理”呢？父母可以试试以下几个方法：

（1）培养男孩的自信。

自信是男孩奋发向上的原动力，拥有自信的男孩才能在迷雾中找到正确的方向；拥有自信的男孩才能在挫折面前毫不畏惧，绽放出应有的光彩。因此，父母一定要培养男孩的自信，这样才能让男孩拥有一颗强大的内心。

首先，父母要多鼓励男孩，帮他们建立自信。

要知道，男孩的自信与他人的赞美、肯定和鼓励是分不开的。比如，在生活中父母可以这样对男孩说：“这次考试你的进步很大，继续努力！”“没想到你做得这么好，爸爸为你骄傲！”等等。在这样的赞美和鼓励声中，男孩的自尊心会得到满足，久而久之自然会信心十足。

其次，父母要充分尊重孩子，帮助他们积累自信。

要知道，每个男孩都是一个独立的个体，都需要被尊重。父母不要经常口无遮拦，说男孩“蠢”“笨”“没用”等，也许父母不是有意的，但说者无意听者有心，这种消极的语言会严重打击男孩的自尊心，让男孩变得自卑、怯弱。

父母要尊重男孩的想法和意见，让男孩感受到自己在父母心中的地位，这样才能增加他们的自信心。

（2）培养男孩积极乐观的人生态度。

要知道，最好的预防“蛋壳心理”的方式就是树立乐观积极的人生态度。积极乐观的男孩不会只盯着眼前的“错误”不放，而是会满怀希望地面对眼前的一切，勇往直前。

都说父母是孩子最好的老师，确实不假，要想培养男孩积极乐观的人生态度，父母首先要做好表率。当父母拥有了乐观的思维方式，用乐观的态度面对挫折时，男孩都会看在眼里并学习模仿，只要父母拥有积极乐观的心态，那么男孩自然会慢慢养成乐观的品性。

有研究表明，拥有积极乐观的人生态度的父母，即使没有采取任何教育措施，孩子也可以具备积极乐观的人生态度。因此，父母拥有积极乐观的人生态度，可以潜移默化地影响男孩，使男孩拥有积极乐观的人生态度，远离“蛋壳心理”。

（3）告诉男孩，挫折是学习和成长的必经之路

俗话说“不经历风雨怎能见彩虹”，挫折能帮助男孩在失败中总结经验和教训，让男孩在失败中找到正确的方向。

因此，当男孩遭遇挫折的时候，父母不要试图去插手，否则男孩会怀疑自己的能力，也许当下次再出现同样的问题时，会想办法不让大人知道。反之，如果父母只是作为一个旁观者，让男孩自己面对挫折，那么男孩便能从挫折中总结经验和教训，当男孩再次遭遇挫折的时候，就会游刃有余地解决问题，其成就感和价值感也会油然而生。如此，男孩的内心才会越来越强大，能力也会越来越强。

当然，方法不是一成不变的，父母还可以根据男孩自身的情况，结合以上几点找到适合自己男孩的方法，然后持之以恒、一点一滴地帮男孩积攒内心的能量，当男孩的内心足够强大的时候，"蛋壳心理"自然就会远离男孩了。

为男孩插上自信的翅膀，飞越重重挫折

一直以来，数学是肖健引以为傲的一门学科，他不仅多次代表学校参加数学比赛，而且每次都能拿到好名次，他是老师和同学们的骄傲。可是，在最近的一次数学比赛中，因为考试难度太大，肖健不仅没有获得名次，反而考得极差，为此，他一直都闷闷不乐。

看到肖健一蹶不振的样子，爸爸就给他讲了一个关于两块石头的故事：

在一座寺庙中，铺在地上当台阶的石头向被雕刻成佛像的石头抱怨道：“我们明明是一座山上的石头，一起来到寺庙中的，你看看你多威风，每天有那么多人跪在你的脚下膜拜。而我却整天被人踩来踩去，同样都是石头，差距怎么那么大呢？”那块被雕刻成佛像的石头笑着回答说：“别忘了，在进寺庙前，你只挨了几刀，我可是经历了千万刀呀！”

聪明的肖健在听完故事后便明白了爸爸的意思，然后他对爸爸说：“我知道了，我不会再消沉了，我会继续努力的。”

有的男孩哪怕只是遇到一点小小的挫折，也会心事重重，情绪低落，沉浸在消极的情绪中无法自拔，甚至自暴自弃。想让男孩摆脱这种不健康的心态，父母要做的就是培养孩子的自信心，让男孩学会为自己打气。

每个男孩身上都蕴藏着巨大的潜力，父母的赞扬、鼓励和认可都会提高男孩的积极性。父母要善于引导男孩进行自我激励，鼓励男孩勇敢面对挫折，这样当男孩再次面对挫折时，才会不畏艰难，飞越重重挫折，勇往直前。要知道，有些男孩在面对挫折的时候之所以会止步不前，并不是因为他们缺少必备的知识和能力，而是因为他们缺少自信的翅膀和跨越挫折的勇气。

那么，父母应该如何为男孩插上自信的翅膀呢？不妨从以下几个方面入手：

（1）帮助男孩坚定自己的信念。

男孩是否能正确面对挫折，与其信念是否坚定有着直接的关联。如果男孩的信念不坚定，那么他要做的事就成了可做可不做、做好做坏无所谓的事，便不会全身心地投入其中，当他在做的过程中遇到挫折时就很容易退缩，最终半途而废。

所以，父母首先要告诉男孩，一旦选择了要做的事，不管遇到多大的困难都要想办法克服，一种办法不行就换一种，要坚定自己的信念，千万不要轻易放弃。

（2）鼓励男孩做自己力所能及的事。

男孩天生具有好奇心，有一种初生牛犊不怕虎的劲头，许多父母总是害怕男孩受到伤害，便时时刻刻把男孩保护起来，不允许男孩做这做那，殊不知，这种行为是不可取的。

父母应该在确保男孩安全的情况下，引导男孩探索新事物，鼓励男孩做自己力所能及的事，这样才能让男孩在尝试和探索中了解事物的性质，从而在增强自身的能力的同时增加自信。

（3）及时肯定并赞扬男孩的良好行为。

每个人在心理上都有获得赞赏和肯定的需求，男孩也不例外，男孩的自信需要外界的认同和赞赏，尤其是来自父母的肯定，父母的肯定能帮助男孩建立自信。

妈妈带着5岁的浩浩乘坐公交车。几站路后，一位老奶奶上车了，浩浩连忙给老奶奶让座，老奶奶摇头说："谢谢小朋友，你自己坐。"浩浩笑着对老奶奶说："我是小小男子汉，站得住，奶奶您坐。"妈妈微笑着摸了摸浩浩的头说："小小男子汉，你真棒！"

妈妈及时对浩浩的良好行为予以了肯定和表扬，这种做法可以激励浩浩继续做好事，以获得妈妈更多的肯定和表扬，随着肯定和表扬的增加，浩浩也会变得更加自信。

（4）尝试让男孩承担一些责任。

现如今，许多父母都喜欢代替男孩做事，这让男孩普遍缺乏责任感和自我约束力，自信心更是很难建立起来。对此，父母不妨有意识地让男孩承担一些责任，比如，让男孩自己动手收拾房间、整理书包、打扫地板，或者给男孩安排一些不重的力气活，这样不仅能锻炼男孩的生活自理能力，还能使男孩从中获得自信，学会承担家庭责任。

（5）培养男孩的专长。

每个男孩都有自己的天赋，有的男孩动手能力极强，有的男孩极具绘画天赋，有的男孩非常擅于交际。而当男孩进入小学后，那些学习能力较差的男孩常常会因学习成绩不理想而产生自卑心理，这非常不利于男孩自信心的建立，更不利于男孩形成健康的人格。

因此，父母应该引导男孩多尝试其他的可能性，进而挖掘男孩的天赋和专长，并加以培养，以便帮助他建立自信心。

当男孩拥有自信的翅膀时，才会不惧挫折，飞得更高更远。因此，父母要从小培养男孩的自信心，只有当男孩信心十足的时候，才能勇敢地面对挫折，创造未来。

第七章
放手让他独立，自主是男孩生命完整的前提

男孩才是自己人生舞台的主角，父母的大包大揽只会扼杀男孩的自我意识和独立意识。为了让男孩独立、自主，父母要懂得适时放手，退到幕后，这样男孩才能更好地在人生舞台上尽情绽放。

不要再大包大揽，父母要学会“袖手旁观”

父母对男孩的爱是深沉的、令人动容的，但有时候往往正是这种爱，让父母不自觉地在男孩的成长道路上布置下了“温柔的陷阱”——帮助男孩包办一切事情，把男孩照顾得无微不至。父母的关爱是男孩成长路上最好的礼物，但如果这种关爱超过一定限度，反而会成为阻碍男孩成长的绊脚石。父母无微不至的照顾无异于剥夺了男孩独自做事的机会，这将让男孩养成依赖性强、意志薄弱的“温室的花朵”。

对男孩而言，百般呵护的家庭环境并非是他们成长的沃土。他们不是娇养的鲜花，而是坚挺的树木，为了日后能更好地与风雨抗衡，他们需要在淬炼中成长，在努力寻求养分的同时更深、更稳地扎根土地。他们要让自己变得坚强，足以抗击风雨，而非一味沉溺在安稳的呵护中。

著名作家林清玄在《桃花心木》中有这样一段描述：

一位种树人将树苗种下后，有时三天，有时五天，有时上午，有时下午来浇水，不仅时间不定，而且浇的水有时多，有时少，这种做法让一些经受不住饥渴的树苗枯萎了，因此他每次都会带来几株树苗补种上。

很多人都觉得好奇，问他究竟是为什么，他说："这是为了让树苗在不确定中自己找到水源、拼命扎根，从而长成百年大树。这种做法尽管会让一部分树苗枯死，但却也让其他树苗逐渐变得更加坚强，拥有独立生存的能力，能够抵御大自然风霜雨雪的气候变化，因为只有真正把根扎入底下汲取养分的树才能永远傲立在大地上！"

男孩就像这些树苗一样，从长远来看，真正对他们好的，不是给他们提供一切成长需要的东西，而是让他们自己去努力，寻找到适合自己生长和发展的土壤。最好的爱不是无节制的溺爱，而是理智的关爱。父母应该明白，过分的爱给男孩带来的，有时反而是更深的伤害。

每个男孩都是与众不同的，有各自独立的特性，想要培养出真正优秀的男孩，父母应该做的不是用爱做束缚，把他们塑造成自己希望的样子，而是应该给予他们独立生长的"空间"，帮助他们发现自我，发展自我。

过分的溺爱只会让男孩对父母形成依赖心理，致使他们失去自我决断的勇气和自信。男孩不是笼子里的宠物，他们应该是雄鹰，总有一天要振翅高飞，遨游天际。而父母能够为他们做的，就是教会他们独立、坚强和勇敢。

（1）让男孩养成独立思考的习惯。

一个缺乏独立属性的男孩，无论多么聪慧，将来都是难当大任的。毕竟在人生的道路上，没有谁会永远陪伴在他身边，即便是对他百般呵护的父母，也总有离开的时候。人生注定不会是一片坦途，总会有一些困难与挫折需要男孩独自去面对。因此，在男孩的成长过程中，作为父母，必须教会他独立。而独立最重要的一点就在于，遇到问题时能独立思考，自己想办法去应对。

独立思考的习惯需要从小培养，父母不妨尝试让男孩独自去面对生活中的一些事情，不要处处都帮他考虑周全。比如在男孩组建模型的时候，父母不要一开始就上去帮忙，可以先让他自己思索应该怎样操作。在独立操作的过程中，如果遇到解决不了的难题，父母可以通过引导的方式一步步教会他如何解决问题。

（2）为男孩提供锻炼独立性的机会。

很多父母深谙社会竞争的激烈，为了不让男孩输在起跑线上，父母们对男孩的教育都非常重视，除了时刻关心男孩的学习成绩之外，通常还会把目光投注在各种兴趣班、特长班上，恨不得把所有能学的东西都让男孩学一遍。但与此同时，很多父母却都忽略了对男孩独立自主能力的培养，这也导致了很多男孩成了“学习上的天才，生活里的白痴”，这对男孩的成长是非常不利的。

如果父母对男孩总是过度关爱，舍不得让他有独立生活的锻炼机会，那么男孩就很难养成独立自主的人格。因此，为了男孩的未来考虑，作为父母，该放手时就放手，给男孩一个独立的空间，让他有机会在挫折中成长，在锻炼中变得越来越优秀。

（3）父母不能太强势。

从心理学方面来看，喜欢过度插手男孩的事宜，剥夺男孩走向独立自主机会的父母，通常都比较强势，习惯把自己放在“统治者”的位置上，通常来说，这种家庭培养出来的男孩一般有两种情况：

第一，胆小懦弱。在一个家庭中，有强就有弱，强与弱在一起才能达成和谐稳定。因此，强势的父母往往特别容易培养出懦弱的男孩，父母越强势，男孩就越懦弱，因为只有这样的组合方式，才能在最大程度上避免矛盾和冲突的产生。

第二，逆反。强势的家长还可能培养出逆反的男孩。这类型的男孩与胆小懦弱的男孩不同，胆小懦弱的男孩习惯以退缩的方式来求得与父母相处的和谐稳定，而这种逆反的男孩则是试图通过抗争的方式来反抗父母的强势。尤其是当他们逐渐形成独立意识之后，对父母的反抗也会越来越强烈，甚至可能为了反抗而不顾一切地和父母作对，向着父母所期盼的反方向发展。

不管是哪一种类型的男孩，显然都不是父母们心中优秀的样子。因此，为了避免这种情况的发生，作为父母，在面对男孩的时候，千万不能过于强势，不要把男孩逼迫到退无可退的地步。就如美国著名心理学家戴尔所说的："孩子需要一定的空间去成长，去实验自己的能力，去学会如何应付危险的能力。不要为孩子做他自己能做的任何事情，如果父母过多地为孩子做事，那就剥夺了孩子发展自己能力的机会，也剥夺了他们的自立与自信。"

所以，为了男孩能够更好地成长，父母请学会放手，给男孩一个独立自由的空间，让他们在生活的洗礼中得到真正的蜕变。

男孩要学会为自己的行为负责

现如今，绝大多数男孩都是家中独子，深受父母的宠爱。无论男孩闯了什么祸，父母都会出面帮他摆平，哪怕是自家男孩的过失，父母也会尽力护着他，当男孩遇到困难时，父母也会毫不犹豫地揽过来帮他解决问题。久而久之，男孩会觉得父母为自己做的一切都是理所当然的，以后犯起错来就更加肆无忌惮了。

殊不知，这种在父母娇惯和保护下长大的男孩，很容易养成养尊处优、自私自利、为所欲为、不负责任的性格。这样的男孩长大后，很可能会因为缺少责任感而无法在社会上立足。正确的做法是，父母要培养男孩的责任感，让男孩学会为自己的行为负责。

接下来，先来看看下面这个案例：

6岁的子健从小深受爷爷奶奶的宠爱，妈妈也非常溺爱他。有一天，子健在小区和阳阳一起玩，不小心把阳阳心爱的玩具飞机摔坏了。

事发后，子健非常害怕，连忙跑到妈妈面前找妈妈帮忙。妈妈听说后，不以为然地说：“不就是玩具飞机坏了嘛，妈妈现在就带去你买一个更高级的赔给他就是了。”

说完，妈妈就带着子健出了小区，飞机买回来后，妈妈带着子健一起来到阳阳家。妈妈敲开阳阳家门后，对阳阳妈妈说：“阳阳妈妈，真是对不起，子健刚才不小心把阳阳的玩具飞机弄坏了，我特意买了一个新的送给他。”妈妈跟阳阳妈妈说话的时候，子健一直躲在妈妈的身后，一句话都没说。

阳阳妈妈听了后，没有去接新飞机，而是笑着说：“坏了就坏了，没必要再买一个，子健也很喜欢飞机，这个新的就让子健拿回去自己玩吧。”

听到阳阳妈妈这样说，子健一下子抱起了新飞机，高兴地跑去玩了。

在上面的案例中，子健闯祸后首先想到的不是自己解决问题，而是寻求妈妈的帮助，子健的妈妈在了解事情的原委后，不仅没有让子健给阳阳道歉，反而选择用自己的方式替子健解决问题。很显然，子健和妈妈的做法都是不可取的，久而久之，只会让子健养成自私自利、不负责任的性格。

在男孩成长的道路上，没有人可以永远帮助他，包括他的父母。父母应该让男孩学会为自己的行为负责，学会承担自己所犯过失的后果，这样才是真正爱男孩的表现。

有的父母总是责怪男孩没有责任心，其实，真正要为这一问题负责的是父母自己，因为男孩并不是天生缺乏责任心，而是在成长的过程中，被父母抹杀了。

比如，男孩在上学的时候，不是忘记带作业本，就是忘记带课本，而父母只要发现后，就会毫不犹豫地亲自将孩子落下的东西送到学校去，父母的理由是："这些都是上课必须要用到的东西，不送过去的话，他上学怎么办呢？"

其实，父母的这种做法并不是在帮男孩解决问题，而是在帮男孩逃避责任。如果男孩没有为自己的错误行为买单，没有承担自己犯错后所带来的后果，那么他们永远都不会长记性，更不会思考如何不再犯类似的错误，甚至认为这样做没什么问题，因为父母会帮他解决，日积月累，无论男孩再犯什么错误，都会习惯性选择逃避，这样男孩就会养成不负责任的坏毛病。

网络上曾经有这样一则报道：

国外有一名小男孩因为发脾气而把校车砸了，因此被罚停乘校车15天。而在这15天里，这个小男孩每天都要步行很远的路去上学。

有人问他的爸爸："你家明明有汽车，为什么不送孩子去上学，还要让孩子走路呢？"

这位爸爸回答说："这个错误是他自己犯下的，他必须为自己犯的错误承担后果，我不会帮他。"

试想一下，如果这样的事发生在我们身边，又是怎样的情况呢？想来，绝大多数父母都会先把男孩批评一顿，然后每天开车接送男孩上下学吧！与报道中的父亲相比，这样的做法显然是不可取的。

当男孩犯错后，大部分家长都会选择避重就轻，先把男孩批评一顿，然后再替男孩收拾残局，根本没有想过让男孩为自己的错误承担应有的责任。这种处理方式会让男孩永远都学不会什么是责任，什么是担当。

因此，父母必须要让男孩承担自己错误行为带来的后果，这样才是对男孩最好的教育。

比如，当男孩上学总是起不来、拖拖拉拉的时候，父母不要急急忙忙替他收拾书包，也不要催促他，就让他按自己的节奏来，当他因为迟到而受到批评或是惩罚的时候，他自然会改掉拖拖拉拉的坏毛病。

当然，父母的表率作用也很重要。因为每个孩子都是父母的复印件，父母要想让男孩成长为一个有责任感的人，那么首先就要提高自己对家庭、工作和社会的责任感，不为自己的过失找借口，让男孩拥有一个好榜样。那么，父母应该如何让男孩学会为自己的行为负责呢？具体来说，可以从以下几个方面入手：

（1）自己的事情自己做。

许多父母一贯的做法是把男孩所有的事情都揽在自己身上，其实，这样做不仅会助长男孩对父母的依赖，让男孩失去独立思考和做事的能力，更重要的是还会让男孩失去责任感。

（2）犯错是难免的，允许男孩有过失行为。

有的父母经常把这样的话挂在嘴边："你要是敢怎么样，看我怎么收拾你。""等你爸爸回来看你今天干的好事，看他怎么收拾你。""你不知道这样做是错的吗？"等等。

其实，这些话不仅会在无形中增加男孩的心理压力，还增加了男孩犯错的频率，让男孩形成了犯错不敢说、不敢面对的恶性循环。

（3）鼓励男孩面对自己的过失。

其实，有的男孩之所以不敢面对自己的过失行为，是因为父母平时总是经常性地恐吓男孩不允许有过失行为。因此，父母一定要理性看待男孩的过失行为，多给男孩一些鼓励，让男孩有勇气面对自己的过失行为，这样男孩才能学会面对错误并对造成的后果负责，才不会一味地逃避。

总之，男孩的责任感要从小培养，假如男孩犯错了，不要总想着替他解决问题，而是要让男孩自己去给别人道歉、自己去想办法赔偿损失，这样不仅可以让男孩获得别人的原谅，还可以让男孩从小就懂得为自己的行为负责，最终才能成长为一个有责任感的人。

试着把男孩当大人对待，把责任交给他

父母要想让男孩早点独立，就把责任交给他。

虽然唐骏父母的学历不高，工作也很繁忙，但他们依然很重视唐骏的学习。

一直以来，唐骏的英语都不怎么好，刚开始学英语的时候，父母还能勉强辅导他，但是越往后，父母就越觉得力不从心。有一次，唐骏因为一个单词的用法不是很明白，于是就问妈妈，可妈妈也答不上来，唐骏很失望，埋怨地说："其他同学的父母都会，你们为什么不会，你们以前上学的时候就不能好好学习吗？这倒好，你们还不如我呢！"

唐骏的话让妈妈很无奈，突然，妈妈意识到这可能是教育他的一个好机会，于是妈妈对唐骏说："妈妈以前上学的时候确实没有好好学习，导致英语成绩很差，所以现在没办法给你提供帮助。但是学习是你自己的事，你不能一直依靠妈妈，你得靠你自己，要不然你给妈妈当老师吧，这一次我一定好好学。”

唐骏不敢相信妈妈的话，说道：“您这是开玩笑吧，我自己都还不会呢，怎么当您的老师？”

而妈妈则一脸认真地说：“那你好好学，把老师教给你的内容教给妈妈，可以吗？”

于是，在妈妈的鼓励下，唐骏做了妈妈的英语“老师”，从那以后，唐骏意识到自己的责任很重，必须好好学习，否则就不能做妈妈的好“老师”了，于是他更加努力地学习英语。一个学期后，唐骏的英语成绩有了很大的提高， 在班上名列前茅。

一般来说，老师这个职位都是大人来当的，但是唐骏的妈妈却突发奇想，把这个神圣而光荣的任务给了唐骏。妈妈这样做的目的只有一个，那就是：把唐骏当大人对待，把责任交给他，逐渐消除唐骏的依赖心理，促使唐骏自主学习，因此他的英语成绩才能取得很大的进步。不得不说，唐骏妈妈的做法很明智，值得父母们借鉴。

然而，在现实生活中，却很少有父母能做到这一点，大部分父母认为男孩还小，不需要承担什么责任，等他们长大了自然就会了。甚至有些男孩已经长大了，父母却依然把他们当作婴儿一样呵护。

比如，男孩吃完饭对妈妈说：“妈妈，今天我来洗碗吧！”但是妈妈却说：“你能洗得干净吗？一边待着去，好好学习才是正事。”男孩看到爸爸在修理桌椅，想过来搭把手，可爸爸却说：“学习才是你的任务，其他的事有爸爸呢！”

其实，这些做法非常不利于培养男孩的责任心，如果父母想让男孩长大后成为一个有责任心的男子汉，就必须让男孩觉得自己是一个“大人”。不要因为男孩还小，就怀疑男孩做事的能力，父母应该试着把男孩当作大人，给他锻炼的机会，让男孩做一些力所能及的事，从小培养男孩的责任心，让他承担相应的责任，只有这样，男孩才能逐渐变得独立、自主、自强。

那么，父母应该怎样做才能培养男孩的责任心呢？具体可参考以下几个方面：

（1）不要害怕男孩“帮倒忙”。

每个男孩刚开始做一件事情时，都不可能做到完美，甚至有时候会很糟糕，但是父母不要因为害怕男孩“帮倒忙”，就剥夺男孩尝试的机会，因为男孩只有亲自经历和体验过，才能更好、更快地成长。

比如，男孩想帮妈妈倒一杯水，可是不小心把杯子摔碎了，甚至还把手划破了，如果父母因此责备、训斥男孩，那么就会打击男孩的积极性，以后男孩可能就不愿意再尝试了，更不会主动承担责任。

因此，当男孩想要帮父母分担一些家务，或是想自己负责做一件事的时候，父母应该理解并支持。父母可以在他遇到困难的时候给予合理的建议，但千万不要插手干预，更不能替他包办，因为此时正是培养男孩责任心的好时机。

（2）转变思维，把男孩当大人看待。

父母要转变思维方式，不要总觉得男孩还小，什么事都做不好，要把男孩当成小小“男子汉”，让男孩感受到被重视、被信任，从小培养男孩的担当，这样他才会觉得自己应该像大人一样承担责任，就不会一直躲在父母的庇护中了。

6岁的轩轩今年上小学一年级，认识了很多新朋友，父母也不再像幼儿园那样处处“监视”他了，这让他有一种放飞自我的感觉。

自从上小学后，轩轩就犹如一匹脱缰的野马，回到家就把书包一扔，从不主动学习，总想着出去玩，每次妈妈都要督促好久才行，为此妈妈很是头疼。怎样才能让轩轩主动做作业成了妈妈的心病，因为妈妈不可能时时刻刻都盯着他。

为了解决这一问题，爸爸想到了一个好主意：他跟轩轩签订了一个“条约”。在条约中，爸爸完全把轩轩当成了一个自制力很强的小“大人”，并和轩轩一起郑重其事地签上了各自的名字。

对此，妈妈曾私下对爸爸说：“我整天在他身边都管不住，你那一张纸能拴住这匹野马吗？”爸爸笑了笑说：“咱们拭目以待。”

令人惊奇的是，自从轩轩和爸爸签订了“条约”后，他每天放学后的第一件事就是打开书包写作业，就算有小伙伴过来找他玩，他也会先把作业做完再出去。原来，轩轩已经把自己当作一个小“大人”了，他要对自己的承诺负责。

其实，父母完全可以借鉴轩轩爸爸的方法，用男孩重视约定这一约束性来帮助男孩增强责任心。如果一个男孩从小就养成言必行、行必果的好习惯，那么他长大后必然能成为一诺千金的男子汉。

（3）尊重男孩的想法和意见

父母在处理一些家庭事务，尤其是有关男孩自己的事情时，最好多听听男孩的意见，这不仅是尊重男孩的一种表现，更是培养男孩责任感的好时机。就算最后男孩的意见没有被采纳，父母也要对男孩说明原委，不要粗暴地否决男孩的意见。

总之，父母应该学着把男孩看作一个独立的、与父母平等的个体，适当地放权，让男孩自己去尝试、去探索、去解决，让男孩真正参与到与自己相关的事情中，这样不仅能培养男孩的自立能力，还能让男孩体验到被信任的感觉，进而增强他们的责任心。

有智慧的父母，懂得何时放开男孩的手

男孩4岁时，父母认为男孩太小，什么都不懂，什么也不会，于是事事包办；

男孩7岁时，父母认为男孩做事笨手笨脚，一件小事都要做半天，还不如自己动手来的“省心”，于是替男孩做了；

男孩10岁时，父母认为男孩最重要的事就是学习，不能让男孩分心，于是事事替男孩做主。

……

没有父母不爱自己的孩子，他们可以为孩子付出一切。许多父母从男孩蹒跚学步开始，直到男孩的整个成长历程，都牵着男孩的手往前走。对于何时牵男孩的手，相信大部分父母都经验十足；可对于何时该放开男孩的手，父母们却并不是十分清楚。殊不知，正是因为父母轻车熟路地牵手，才逐渐让男孩失去了独立的能力和面对困难的勇气，这种经不起“风吹雨打”的男孩，自然很难独立生活。

为了让男孩成为一个独立自主的人，父母应该让男孩离开自己的怀抱，飞向更广阔的天空，而父母的牵手只会折断男孩的翅膀，让男孩失去独立的能力。因此，父母既要知道何时牵手，更要懂得何时放手，让男孩用自己的方式成长。

相信父母们对这样的场景都不陌生：当男孩在一旁玩耍时，父母就目不转睛地盯着男孩的一举一动，时不时地说："别碰那个，危险！"；当男孩开始奔跑时，父母就大声喊道："慢点跑，会摔跤！"；当男孩摔倒了，父母就立刻赶过去，把男孩抱在怀里，心疼地说："都说了不让你跑，你看摔跤了吧！"……

这种现象在中国屡见不鲜，而在西方国家，父母一般都不会在旁边紧盯着男孩，而是给男孩足够的空间，就算是男孩摔跤了，也只是远远地看着，让男孩自己爬起来。

其实，有时候正是因为父母对男孩的过度保护，才使得男孩缺乏自我独立的能力。父母要知道，过多地保护和限制只会阻碍男孩的健康发展，使男孩变得更软弱。那些在父母保护下长大的男孩，其各项能力会逐渐退化，长大后往往会变得优柔寡断、胆小怕事，也缺乏独立处理事务的能力。

因此，父母不要因为担心男孩会受到伤害，就剥夺男孩自由活动的机会，否则男孩会因为与外界接触太少而形成孤僻、不合群的性格，以至于影响男孩的成长。

接下来的这个案例，也许能带给父母们一些启示。

韦博所在的学校组织学生到离家很远的森林公园举行活动，妈妈为了锻炼韦博的独立能力，决定让韦博独自一人前往。

活动的前一天，妈妈在家教韦博记住从家到森林公园的路线，并给了他一张地图，然后让他骑自行车去。因为韦博从来没有一个人去过那么远的地方，妈妈也有些担心，于是就骑着一辆自行车偷偷地跟在韦博的后面。

因为对路线不是很熟悉，韦博时不时地拿出地图对照，妈妈只是远远地看着，并没有上前帮助他。后来，韦博一不留神走错了路，但妈妈并没有提醒他，而是让他自己找到了公园的大门。虽然过程很曲折，韦博也迟到了几分钟，但是他却是唯一一个独自到达目的地的学生。

活动结束回家后，韦博委屈地对妈妈说："今天除了我以外，其他同学都是父母陪着去的。"

妈妈听后笑着对韦博说："正是因为你一个人去的，才有成就感啊，难道你不觉得很骄傲吗？"

听了妈妈的话，韦博立刻收起了委屈，自豪地说："嗯，我也觉得很自豪，以后还有这样的活动我也自己一个人去。"

案例中，韦博妈妈的做法很明智，不仅锻炼了韦博独立的能力，还增加了他的自信心，可谓是一举两得。如果韦博妈妈像其他父母一样，因为担心孩子的安危而送韦博去森林公园，那么韦博就体会不到这么多乐趣了。

作为父母，应该如何放手，才能让男孩早日学会独立呢？

（1）父母要正确认识和理解男孩。

每个阶段的男孩都有其独有的特征，父母应该了解不同阶段男孩的成长特征，并根据自家男孩的特点调整教育方法，用最适合的方式引导男孩，并放手让他做自己感兴趣的事，而不是替他去做。

（2）让男孩自己安排自己的事。

其实，父母可以从小培养男孩自己安排自己的事的能力。比如，带男孩出去玩的时候，可以问他："我们出门要带什么东西呢？"刚开始可以适当提醒他，让他主动想起哪些东西是必备的，这样可以让男孩学会主动思考，慢慢地，还可以让男孩自己选择去什么地方玩，以及要准备哪些东西。如果男孩在外面因为忘记带什么东西而发脾气时，父母要让男孩明白，这是他自己做的事，自己要负责，这样下次才能做好充足的准备。

（3）给男孩足够的活动自由。

要知道，只有给男孩足够的活动自由，他才能在实践中获得独立思考的能力和解决问题的机会，这是培养男孩独立性不可或缺的重要环节。

比如，当男孩看书遇到不认识的字时，父母可以假装也不认识，然后告诉他遇到生字要查字典，这样当男孩再有不认识的字时，就会主动查字典了。

此外，父母想要培养男孩的独立性，还要重视与男孩的交流。要知道，男孩想要的无非是能理解自己，并能像朋友一样对待自己的父母。因此，父母应该用真诚的爱，以及尊重和信任对待男孩，这样男孩才会放心大胆地去探索外面的世界。

著名儿童教育家陈鹤琴先生曾说过这样一句话："做爸爸的，最好只有一只手。"这句话旨在告诉父母，一定要明确自己的位置和责任。只有以这样的方式帮助男孩锻炼其各项技能，才能真正地帮助男孩建立独立自主的人格。让男孩做自己力所能及的事，才能让男孩学会独立，进而在未来摆脱父母的照顾，成为一个独立自主的人。

都说父母的爱是无私的，为了让男孩能真正的独立生活，请父母们把对男孩的爱藏一半吧，适当地放开牵着男孩的手，让他们自己去开拓未来。

尊重男孩的理想，别用你的理想绑架他的人生

无论是以前还是现在，父母都喜欢问男孩这样的问题："你长大后想做什么？""你的理想是什么？"而男孩的回答可能多半会是这样的："我不知道，妈妈说让我长大了当律师，爸爸说其实医生也不错。"其实，当男孩还小的时候，并不知道自己未来会做什么，他们的回答无非是父母的理想而已。

有的父母甚至在男孩呱呱坠地后，就为男孩列出了学习规划，明确指出各个阶段的学习任务；有的父母忽视男孩自己的理想，强迫男孩一定要按照自己规划的未来去发展，否则就全盘否定男孩的努力和付出。

虽然说父母望子成龙的心态是无可厚非的，可是，如果仅仅是为了满足自己的理想而给男孩施加了太多的压力，那么对男孩来说这些都是不公平的，甚至会得不偿失。

从明宇记事起，爸爸就经常在他的耳边说：“儿子，你一定要好好学习，将来一定要考上清华，爸爸当初就是因几分之差和清华擦肩而过，你可不能辜负了爸爸的期望啊！”

好在明宇也非常争气，他以全班第一名的好成绩考上了本市的重点高中，他非常高兴，觉得自己并没有辜负爸爸的期望，想在这个假期好好犒劳自己，出去旅游一趟。

就在明宇沉浸在如何度过这个愉快的假期时，爸爸却没有给明宇喘息的机会，不仅带回来了高一年级的课本，还买了一堆课外辅导资料和练习册，想让明宇趁着这个暑假更上一层楼。

眼看暑假出游计划泡汤了，明宇心里非常不高兴，爸爸看到明宇的表情，严肃地对他说：“你不要以为考上重点高中就万事大吉了，真正的斗争已经开始了，只要你有一点点松懈，就会落后，只有时刻做好万全的准备才能从全校的学生中脱颖而出，才有机会考上清华大学！”

明宇很着急地对爸爸说：“你说的道理我都懂，我也不敢松懈，可我都和同学们约好了要出去的……”

还没等明宇把话说完，爸爸就打断了明宇的话，语重心长地对他说：“我知道你想说什么，可现在这些都不重要，你的理想是考上清华大学，所以你现在没有时间停歇，爸爸当年就是因为几分只差而抱憾终身，你不能重蹈覆辙，只要你考上了清华大学，以后不管你做什么，爸爸都不会干涉，但是目前最重要的还是学业！”

听完爸爸的话，明宇无言以对，只能抱着学习资料默默地回到自己的房间，关上了门……

从表面上看，这些父母都是为了男孩好，可实际上却是用自己的理想绑架了男孩的人生。其实，在现实生活中，像明宇爸爸这样的父母不在少数，他们把自己未能实现的理想都寄托在了男孩的身上，他们从未考虑过男孩自己的爱好和理想，只是一厢情愿地鞭策着男孩，希望男孩能弥补自己当年的遗憾。

难道男孩就没有自己的理想与人生了吗？当然不是，哪怕男孩再小也有自己独立的思想和意识，都想为了自己的理想去奋斗，只是男孩的理想被父母以爱之名给扼杀了。也许日后男孩能实现理想、获得成功，但是这终究不是他们自己的理想。

如果父母一味地把自己的理想和意愿强加到男孩身上，不仅会让男孩失去独立成长的空间，还会使男孩产生抵触和逆反情绪，这样对男孩的学习和生活都将造成不良的影响，甚至会出现厌学、逃学的现象。

因此，父母不能为了一己私欲而让男孩背负着自己的理想痛苦前行，每个人都有权利追求自己的理想，男孩也不例外，父母应该尊重男孩的理想，让男孩为自己的未来而奋斗，而不是做父母理想的“接力棒”。

不可否认，父母都希望男孩能与自己的理想和兴趣爱好一致，但现实与理想终究会有差异，如果男孩的理想与父母的理想背道而驰，那么父母该如何做呢？毫无疑问，正确的做法是：让男孩在自己所爱的领域里驰骋。

每个人都有选择的权利，男孩的未来应该掌握在自己的手中，而不是父母的手中。作为父母，千万不要一直沉浸在过往的经历中，而是要正确面对过去，放眼未来，用科学的方法教育男孩，帮助男孩树立健全、正确的世界观、人生观和价值观，尊重并鼓励男孩为自己的理想而奋斗。

正如教育家苏霍姆林斯基说的：“一丛玫瑰、一棵苹果树、一株葡萄，都是能给人带来愉快的有生之物。”父母不能强迫苹果长成葡萄，或是玫瑰长成苹果，每个人都应该有属于自己的人生。如果男孩的选择是正确的、有益的，那么父母应该尊重男孩的选择，鼓励男孩为之付出努力；如果男孩的选择并不是那么明智，那么父母可以引导男孩学会分析，做出正确的决定。

那么，父母应该怎样做，才能帮助男孩实现他们的理想呢？

（1）给男孩自由选择的权利。

每个人都应该有选择的权利，男孩也不例外，学会尊重和维护男孩的想法和意愿，并给予他们选择的权利才是父母对男孩最好的爱。终有一天，男孩会走出父母的庇护圈，踏上自己的人生旅途。如果男孩缺乏独立自主的能力和自由选择的能力，那么他将如何选择未来人生的方向，又将如何面对未来生活的挑战呢？

如果父母真的爱男孩，请多给男孩一些选择的权利，让男孩学会对自己的选择负责，这样不仅可以培养男孩的责任心，还能借此锻炼男孩的意志力和沉着冷静的心理素质。

（2）不要让自己的理想成为男孩的心理负担。

世界上大多的爱都是以团聚为目的的，但父母对子女的爱却是以分离为目的的。父母一定要明白，男孩是一个独立的个体，并不是父母手中的橡皮泥，不可能随父母的意愿而“变形”。

父母要学会放下，放下自己的想法与意愿，放下自己的执着与成见，真正深入男孩的内心，去了解、去发现，鼓励男孩勇敢地追求自己的理想，过自己想要的人生，千万不要让自己的理想成为男孩的心理负担。

一句“都是为了你好”，成了无数父母的口头禅，难道让男孩背负父母的理想前行真的是为了男孩好吗？未必。男孩也是人，也有自己的喜怒哀乐，如果父母一直强迫男孩做他不喜欢的事，那么对男孩来说只会是煎熬，不会有喜悦。

在男孩成长的道路上，父母可以指导、可以帮助，但切不可替男孩决定人生，男孩的人生还是要他自己走，父母只需要陪伴就好。

男孩的人生，不应该是父母“清单式”教养的结果

现如今，几乎所有的父母都有一个共同的愿望，那就是“望子成龙，望女成凤”。为了让男孩赢在起跑线上，父母们总是按照自己的想法去要求男孩，甚至为男孩列出了成长的“清单”，把男孩的未来都规划在一张“清单”上，认为男孩只要按照自己的“清单”成长就一定能出人头地，获得成功。

比如，男孩5岁的时候，父母给他报了钢琴班；男孩7岁的时候，父母给他报了奥数班和作文班；男孩14岁的时候，父母给他报了重点中学；男孩17岁的时候，父母给他报了高考冲刺班……

这种典型的“清单式”人生，完全忽视了男孩的想法和意愿，甚至有的父母在男孩成年后依旧如此，总是希望男孩能在自己控制的范围内按照自己的意愿去生活，说得最多的就是“我都是为你好”“我走过的桥比你走过的路还多”……

其实，对于拥有独立人格和独立思维的男孩来说，他们是非常抗拒这种“清单式”童年的，他们渴望自由、渴望能独立自主。也许，父母可以换一种教养方式，把自由还给男孩，把权利还给男孩，否则就会给男孩的成长带来许多负面的影响，比如下面案例中的王刚就是深受其害。

王刚从小就是一个让父母自豪的孩子，在学习上从未让父母操心过，从小就是学霸，当年高考更是以地级市文科状元的成绩考上了清华，就是这样一个“别人家的孩子”，在毕业多年后竟然不再回家过年，甚至毅然决然地删除了父母的联系方式。

工作之余，王刚也会学习心理学，以解决自己长期压抑下的心理问题，究竟是什么原因，导致了王刚最后不惜与父母决裂呢?

原来，王刚一直都在父母的“清单式”教养下生活，不管是学习、生活还是交友，父母都对他“肆意操控”，王刚没有半点自由和选择的权利，父母过度的关爱以及亲情的缺失，导致他性格孤僻，踏入社会后缺乏基本的交际能力。

虽然王刚毕业于名校，但因为自理能力差、动手能力弱和人际交往困难，王刚不得不频繁跳槽，以至于到现在都没有一份适合自己的工作。

不得不说，王刚是“清单式”教养的典型受害者，王刚父母的这种教养方式，不仅让王刚彻底失去了自我，更让他因此留下了严重的心理阴影，最终导致他与父母的决裂。

虽然现代社会竞争激烈，父母想让自己的孩子赢在起跑线上也是情理之中的事，但是这种事无巨细，为男孩准备好一切的“清单式”教养方式，完全忽视了男孩成长过程中所需要的边界感，这样的教养方式对男孩的成长是非常不利的，具体来说，主要有以下几种危害：

一、会扼杀男孩的创造力。

要知道，男孩的能力是需要依靠自身的探索和实践才能不断提高的，就算是失败，也能从中吸取经验和教训，为下次的成功奠定基础。但在现实生活中，许多父母因为心疼男孩，害怕男孩受到伤害，所以他们用自认为好的“清单式”教养方式一次又一次地剥夺了男孩独立成长的机会，这样的教养方式不仅阻碍了男孩的思维发展，更是扼杀了男孩的创造力。

二、会导致男孩缺乏自信心。

众所周知，自信是成功的秘诀之一，而通过自身努力获得成功，是帮助男孩建立自信的有效途径之一。反之，如果父母把男孩的一切都安排好了，没有让男孩有实践的机会，那么男孩就证明不了自己的能力，长此以往，不利于男孩自信心的建立。

三、会消磨男孩的意志力。

长期在父母包办下成长的男孩，会逐渐变得心安理得，久而久之，他们就只会享受，不知道如何努力，一旦遇到问题就会退缩，没有足够的意志力去面对困难。这样不仅会导致男孩的心理素质得不到良好的发展，使男孩变得懦弱无能，甚至还可能导致男孩长大后无法与人正常交往，最终无法在社会上立足。

四、会导致男孩缺乏责任感，没有担当。

一旦男孩适应了父母的“清单式”教养方式，就会觉得一切都是理所当然，这样会导致男孩缺乏应有的责任感和感恩的心，等到父母年老的时候，他们不仅不会反哺父母，甚至还可能成为啃老族，一生碌碌无为。

如果把教养男孩比喻成种树，那么在男孩成长的过程中，父母一定会按照自己的意愿来给树苗造型，不可否认的是，这样的教养方式也许会让父母收获一颗外观极其好看的盆栽，但是这样的造型，是男孩自己所喜欢的吗？

其实，比起“清单式”教养方式，更好的教养方式应该是注重男孩成长中的边界意识，尊重男孩的意愿，让男孩自由选择自己的人生，父母只需要在适当的时候给予男孩引导和帮助，这样才能建立良好的亲子关系，构建和谐的家庭氛围，帮助男孩形成良好的性格。

那么，父母具体应该怎样做，才能摆脱“清单式”教养，还给男孩自主选择权呢？以下几点建议可供父母参考：

（1）遵循男孩的成长规律，静待男孩的成长。

在男孩的成长过程中，父母要充分尊重男孩的成长规律，切勿拔苗助长，以免适得其反。要知道，任何违背自然规律的行为都是不可取的，虽然拔苗助长可以换取男孩一时的成绩，但如果有一天男孩没有达到父母心中的预期时，可能会遭到父母的嘲讽和谩骂，这不仅会使男孩失去学习的兴趣和生活的热情，甚至可能会毁掉男孩一辈子的前程。

（2）给男孩自由选择的权利。

父母不要总是以过来人的姿态来压制男孩自由选择的权利，就算男孩的选择是错误的，父母也要尊重男孩的选择，因为男孩也希望拥有选择权以此来证明自己的价值感和存在感。

只有当男孩有了自由选择的权利后，他才会勇于尝试，才能在生活中体会到酸甜苦辣，才会在生活的历练下，成长为一个有责任心、有担当的男子汉。

当然，自由选择的权利并不意味着父母可以撒手不管，父母既要让男孩在自由的环境中成长，又要对男孩进行适当的引导与保护，在男孩成长的过程中恩威并施、宽严并济，让男孩更好地适应未来的生存和发展。

（3）引导男孩树立适当的目标。

“望子成龙，望女成凤”几乎是每个父母的心愿，但是父母也要根据男孩的实际情况，不要对男孩提出过高、过严等不切实际的愿望，以免给男孩造成心理负担。众所周知，“欲速则不达”，太急于求成往往只会适得其反，父母不妨放下执念，引导男孩树立正确的目标，让男孩朝着自己的目标勇往直前，收获属于自己的美好未来。

（4）对男孩少一些苛刻，多一些平和。

父母要知道，在大千世界，芸芸众生中，普通人还是占多数的，如果父母一味地用高要求来逼迫男孩，那么最终的结果只会两败俱伤，不仅父母会更失望，而且也会因此毁了男孩的人生。因此，在男孩的成长道路上，父母不要给男孩太大的压力，不妨对男孩少一些苛刻，多一些平和吧，让男孩在自己的成长轨道上一步步成长。

总而言之，每个男孩都是独一无二的，男孩的人生，不应该是父母“清单式”教养的结果，如果父母真的爱男孩，就不应该让男孩按照自己规划的路线发展，而是要给男孩充分的自由，让男孩拥有自主选择的权利。

就像龙应台在《目送》中所写的那样：“我慢慢地、慢慢地了解到，所谓父女母子一场，只不过意味着，你和他的缘分就是今生今世不断地在目送他的背影渐行渐远。你站立在小路的这一端，看着他逐渐消失在小路转弯的地方，而且，他用背影默默告诉你：不必追。”

对男孩来说，真正的爱不是占有，不是控制，而是得体地退出，“不必追”就是父母应做的本分。从现在开始，不要再试图掌控男孩的人生，不要再列出满满的“清单”，请把自由选择的权利交给男孩，让男孩自己面对未来的道路。

第八章
加强能力磨砺，男孩子从小就是要“给力”

作为父母，不仅要注重男孩的身心健康，同时还要重视对男孩能力的培养，比如社交能力、观察力、自控力、竞争力、决策力以及独立思考的能力等。只有这样，男孩才能在面对未来的困难、挑战和机遇时游刃有余，成就美好人生。

培养男孩独立思考的能力，引爆男孩的无限可能

现如今，许多男孩都没有主见，独立思考的能力也很差。其实，这一切都与其父母的教育方式有着密切的关系。因为父母为男孩想得太周到了，事事为他们安排得妥妥当当，一旦男孩遇到什么问题，总是迫不及待地去帮他们解决。其实，父母的这种做法不仅让男孩失去了自己做主的机会，更是扼杀了男孩独立思考的能力。

爱因斯坦曾经说过：“学会独立思考和独立判断比获得知识更重要。不下决心培养思考习惯的人，便失去了生活的最大乐趣。”

父母要知道，男孩只有具备独立思考的能力，才能引爆无限的可能。因此，在男孩成长的过程中，父母要从小培养男孩独立思考的能力，否则男孩的思维就会僵化。比如，父母问男孩月亮像什么，男孩的答案可能永远都是小船，或是圆盘。

其实，从某种意义上来说，男孩独立思考的过程就是促进他成长的过

程。如果男孩从小习惯了依赖父母，那么他就不知道什么是思考，更不会主动想办法解决问题，只会等着父母帮自己解决。这样的男孩长大后，就会变成一个没有主见、人云亦云的人，是不会有大作为的。

独立思考的能力不仅是男孩立足社会的基本能力，更是男孩走向成功的一种必备素质。如果一个男孩没有独立思考的能力，那么他是不会辨别是非对错的，只能跟在别人后面亦步亦趋，听命于人，这样的男孩怎么能在人生的道路上开创出属于自己的辉煌呢？

因此，父母要从小培养男孩的独立思考能力，让男孩更好地掌握自己的人生。以下有几种简单有效的方法，希望能对父母有所帮助：

（1）当男孩遇到问题时，不要直接给出答案。

在男孩还小的时候，遇到问题向父母求救是正常的，但是父母千万不要因为心疼孩子而直接给出答案，以免助长男孩不动脑筋、偷懒的习惯。当男孩遇到问题时，父母要引导男孩主动思考，给男孩一个独立思考的机会，这样才能逐渐培养男孩独立思考的能力。

比如，当男孩写作业遇到不会的题目时，如果父母每次都把答案直接告诉男孩，就会让男孩养成依赖的心理，长此以往，男孩将很难养成独立思考的习惯。将来一旦又遇到类似问题，只会等着父母给出答案，这对男孩来说，是百害而无一利的。

当男孩还小，暂时没有办法独立解决问题时，父母可以通过查阅资料、反复思考等方法给男孩做示范，让男孩慢慢学习思考的方法，以此来培养男孩独立思考的能力。

（2）多鼓励男孩表达自己的想法和意见。

父母应该给男孩创造一个民主和谐的家庭氛围，只有在这样的家庭环境中，男孩的思维才会更活跃，以后他才更敢于表达自己的想法和意见。反之，如果家庭不和睦，男孩的思维就会变得僵化，不喜欢思考问题，缺乏主见，习惯听从父母的安排，这是不利于锻炼男孩独立思考能力的。

在日常生活中，父母要多鼓励男孩表达自己的想法和意见，鼓励男孩做一个有主见的人。如果男孩说错了，也不要急着打断，而是应该鼓励男孩把话说完，然后再帮助男孩分析错误的原因，并给予适当的指导；如果男孩说的是对的，父母应该给予肯定和赞扬，从而增强男孩的自信心，使男孩更愿意表达自己的想法。

要知道，一个男孩是否具有独立思考的能力，其表现之一就是愿意调动自己的思维，把自己的想法用合适的方式表达出来。而这一过程，正是男孩思考的过程。

（3）引导男孩思考，主动提出一些开放性的问题。

问题是启发男孩思考的源泉，男孩的脑中只有存在问题，才会思考。几乎所有男孩的脑中都有许多千奇百怪的问题，当男孩向父母提问的时候，父母一定不能用敷衍的态度打发男孩，而是要与男孩一起讨论、思考。当男孩遇到解决不了的问题时，父母要耐心地给男孩解释，然后引导男孩解决问题。

此外，父母还可以经常给男孩提一些开放性的问题，用来锻炼男孩的思维能力，这样不仅能激发男孩的兴趣，还能让男孩在寻找问题答案的过程中不断思考。

（4）允许男孩标新立异，不要随便否定男孩的想法。

男孩天生就有很多新奇的想法，父母千万不要用成人的思维否定男孩的想法，父母要允许男孩标新立异，因为标新立异也是男孩独立思考的表现之一。

当男孩遇到难以解决的问题时，父母要引导男孩从全面和新颖的角度去思考问题，从而使男孩打破常规思维，提出自己独到的见解。

（5）和男孩一起做益智类的游戏，或是给男孩讲益智类的故事。

大多数男孩都特别喜欢游戏，所以父母可以和男孩一起玩一些益智类的游戏，这样不仅能增加亲子间感情的交流，还能促进男孩动手、动口以及思考能力的发展，可谓是一举多得。比如，父母可以在节假日的时候，在家举行一些益智类的游戏竞赛，并邀请男孩的朋友一起参加，让男孩在游戏中快乐成长的同时，学会发现问题、思考问题并解决问题。

此外，父母还可以给男孩讲一些益智类的故事，和男孩一起讨论感兴趣的话题，以达到启发男孩思维的目的。

独立思考的能力会使男孩终身受益。不管是在生活中还是学习中遇到了困难，具备独立思考能力的男孩都会立刻开动脑筋，寻找最佳的解决办法。因此，父母必须从小培养男孩独立思考的能力，在实践中逐步培养男孩的思维能力和独立意识，这样才能引爆男孩无限的可能，让男孩拥有更美好的明天。

进化男孩的自控能力，懂自律的男孩才有大出息

能管好自己的男孩，才能让父母省心。具备较高自控能力的男孩往往更善于控制自己的不良情绪，他们乐于接受挑战，做事也更有耐心和毅力，这样的男孩才更容易获得成功。

然而，现如今大部分男孩的自控能力很差，动不动就喜欢发脾气，在最爱的手机游戏和动画片面前毫无抵抗力，就算父母不停地催促，也很难主动学习。

有研究表明，在学业上自控能力比智商更能准确地预测出男孩未来的学业表现。一般来说，那些自控能力和智商都高于平均水平的男孩，其学业优秀的概率明显要比单有高智商的男孩大得多。换句话说，男孩未来是否有出息，智商固然重要，但是自控能力更为重要。因此，父母要重视对男孩自控能力的培养，因为这是关乎男孩未来是否成功和幸福的关键因素之一。

那么，男孩自控能力差究竟是什么原因导致的呢？

第一，父母对男孩太过溺爱。

溺爱是导致男孩自控能力差的首要原因。现在的男孩从出生开始，全家都围着他转，事事以他为中心，只要是男孩想要的，不管是否合理，父母都会想办法满足他。久而久之，男孩也就养成了只凭自己的喜好来选择的习惯，愿意做的就做，不愿意做的当然不会勉强自己。

第二，受父母自控能力差的影响。

许多父母在男孩犯错时，经常会情绪失控，暴躁易怒，控制不住自己的情绪。而此时的男孩正处于较强的模仿期，很容易对父母的这种行为耳濡目染，以至于影响男孩今后对事物的态度和处理方式以及自控能力的把握。

第三，父母与男孩之间缺乏有效的沟通方式。

虽然有的父母在男孩犯错时能很好地控制自己的情绪，也能用平静、温和的态度与男孩交流，但因缺少有效的沟通方式，以至于整个过程只会给男孩讲一些大道理。这样不仅没有满足男孩内心发展的需求，还会让男孩认为父母没有真正理解他，进而恶性循环，影响男孩的自控能力。

第四，父母前后决策不一致。

要知道，只有保持优秀的习惯，才能拥有超强的自控能力。而有些父母会因为一些突发情况而改变原有的好习惯，认为只是一两次没关系。殊不知，父母的这种前后决策不一致的行为不仅会让男孩形成一种侥幸心理，而且是放纵男孩的一种表现，是不利于培养男孩自控能力的。

培养男孩自控能力的关键，是要让男孩主动地、自觉地克制自己的冲动，这样男孩才能在诱惑面前不为所动。当男孩真正不依赖父母的监督，就能自觉约束自己的行为时，便真正学会了自律。

看到这里，相信大部分父母会在心里嘀咕："让男孩做他们自己不喜欢的事，本来就很困难，还要让男孩自觉、主动地去做不喜欢的事，这简直比登天还难。”

豆豆非常喜欢看电视，只要有电视在，他就完全沉浸在其中，无法自拔，妈妈每次都催促很久，他还是不愿意关上电视。为了让豆豆改掉这个坏习惯，妈妈决定教豆豆控制自己看电视的欲望。

有一次，妈妈在开电视前，跟豆豆约好只能看三集，然后要豆豆自己关上电视，如果能照做就会得到奖励，如果不能就没有奖励。那一天，三集动画片播完的时候，豆豆完全没有关上电视的意思，这时妈妈过来提醒他，可他又是哭又是闹，就是不让关，后来妈妈强行关上了电视，并告诉他因为今天没有主动关电视， 所以没有奖励。

第二天、第三天、第四天……在妈妈的提醒下，豆豆看完三集动画片后都主动地关上了电视，虽然依旧是不情不愿地，但也获得了妈妈的奖励。一个月后，即使没有妈妈的提醒，豆豆也能自觉地在三集动画片放完后主动关上电视。

几个月后，豆豆竟然主动地对妈妈说：“妈妈，以后在上学期间我就不看电视了，只在周六和周日各看一集，我可以控制自己。”

瞧，案例中豆豆妈妈的做法就值得父母们学习。从上面的案例中，可以看出培养男孩自控能力的关键就在于坚持，当男孩养成良好的行为习惯后，才能逐渐约束自己的行为。

自律可以使男孩的学习变得更优秀，使男孩未来的生活变得更美好。父母可以通过日常生活中的小事来培养男孩的自律，因为每经历一次自律的小事，都可以让男孩的自律得到一次历练和提升。只有自律的男孩才懂得什么时候做什么事，哪些事可以做，哪些事不可以做，这样男孩才不会在成长的道路上偏离轨道。那么，父母应该怎样培养男孩的自控能力呢？

（1）用适当的诱惑让男孩学会自控。

当男孩想要某种东西，或是提出不合理的要求时，可以尝试用男孩最喜欢的东西来转移他的注意力，帮助他学会耐心等待。

有教育专家曾做过这样一个实验：给孩子一袋零食，然后告诉他如果今天把这袋零食吃了，那么明天就只有一袋零食了；如果今天没有吃这袋零食的话，明天除了原本有的一袋零食外，还会额外多奖励一袋零食。

这个实验的目的，就是通过诱惑让孩子学会自控。虽然这一过程可能要很久，但这种训练自控能力的方法对男孩来说却是立竿见影的。

（2）用规矩帮男孩从“他制”到“自制”。

在男孩还小的时候，因为没有较强的判断能力，所以不能准确地评判自己的行为是否适宜。因此，父母就要事先跟男孩定好规矩，比如，看电视的时间、玩游戏的时间、吃零食的数量等。

一旦规矩定下来，父母和男孩都要遵守，当男孩出现不合规矩的行为的时候，父母要先提醒，如果男孩依旧不能按规矩行事，那么父母就要告诉男孩他越界了，并对他做出相应的惩罚。

（3）巧用角色扮演，帮助男孩增强自控能力。

当男孩不好好写作业，或者总是边玩边写时，父母可以请男孩做自己的老师，当男孩意识到自己的责任时，就会在内心产生强大的自控力，这样一来，男孩自然会很感兴趣，主动抓紧时间做作业，然后教父母。

此外，父母还可以给男孩讲一些与自控力有关的故事，或是给男孩看一些与自控力有关的小动画，让男孩了解自律的重要性；或是用游戏的方式告诉男孩学会等待；或是教男孩一些棋类游戏或体育项目，以此来锻炼男孩的注意力和耐心。

鼓励是培养男孩最好的武器，父母在培养男孩自控力的时候，一定不要吝啬自己的赞美，当男孩取得进步的时候，父母的夸奖会让男孩的内心得到满足，而男孩为了这份满足也会更加努力地去改变。

总而言之，父母要想培养男孩的自控能力，关键是要为男孩提供对其有意义的动机，也就是说父母要真正懂得男孩内心的真实需求，然后想方设法把他的需求与父母的要求捆绑在一起，这种捆绑越自然自控能力越好，这样男孩才能心甘情愿地为目标而努力。

培养竞争力，男孩是否强大取决于对手是否强大

父母们是否经常听到这样的话：

“孩子，不要紧，做不了就算啦！”

“没事，你喜欢的话，妈妈给你买，不要和别人抢。”

“那里人太多了，到这边来玩。”

……

在教养男孩的过程中，父母是否也说过类似的话呢？如果有，那么父母可能要反思一下自己了，因为这些话可能会带给男孩一个误区，让男孩觉得竞争无关紧要，很可能会逐渐削弱男孩的竞争力。

其实，正确的竞争意识对男孩来说很重要。现如今，社会竞争激烈，如果男孩没有竞争力，将很难在逆境中学会成长，也很难在未来的社会上立

足，更不会主动、大胆地去学习新的知识。

要想拥有竞争力，首先要有竞争意识，这种意识是一种奋发向上的态度，是一切竞争力产生的前提，是一种积极的心理反应。现如今，社会竞争日益激烈，对男孩来说，没有竞争意识将很难在社会上立足，因此，父母要从小培养男孩的竞争意识，让男孩学会适应竞争，这样他才能在日后成为工作和生活的强者。

父母可以鼓励男孩参与到竞争中去，这样不仅能提高男孩的自信心，而且对男孩的健康成长具有重要的作用。因为男孩在竞争过程中所表现出来的能力，会帮助他们对自己做出正确的评价和肯定，会激励男孩继续前行。男孩也能在竞争的过程中克服胆怯与自卑，并产生强烈的求知欲，积极学习各种知识和技能。而且，在竞争的过程中，男孩难免会遇到困难，这些都将提高男孩的抗挫折能力，使男孩能接受更大的挑战。

那么，父母要如何培养男孩的竞争力呢？以下几点值得父母参考：

（1）帮助男孩克服自卑。

克服自卑，是男孩在竞争中取得成功的关键之一。当男孩在竞争中受挫时，父母要帮助男孩克服自卑，引导男孩分析失败的原因，并从中总结经验和教训，然后调整目标和竞争方式，这样才能为竞争打下良好的基础，才能获得最终的成功。

（2）从小培养男孩的胆识。

胆识是男孩在竞争中必备的要素之一，所谓胆识，指的是男孩的胆量与见识，胆量可以帮助男孩勇于面对困难，敢于冒险；见识则能让男孩开阔眼界、博闻强识，这样才能更了解生活和工作，才能更好地驾驭未来。

（3）培养男孩正确的竞争意识。

父母要从小培养男孩正确的竞争意识，让男孩知道，竞争和狭隘自私不是一回事，一个优秀的竞争者往往心胸宽广，不会暗中算计，会用自己的实力公平竞争。竞争不是不择手段的争强好胜、好勇斗狠，而是在恪守道德规范的基础上，用一身正气去竞争。

（4）培养男孩坚定的信念。

坚定不移的信念是男孩竞争路上的决定性因素之一，让男孩养成做任何事都要怀着“努力做到最好”的信念，这样才能帮助男孩在竞争的道路上勇往直前，超越自我，获得成功。

此外，父母在培养男孩竞争力的过程中，还可以从以下几方面入手，培养男孩的竞争力：

（1）父母要引导男孩公平竞争。

在前文中也提到过，父母在培养男孩竞争意识的同时也要注重培养男孩的道德规范，让男孩明白竞争不能用卑劣的手段，要以欣赏别人为目的，要在实力的基础上与对手进行公平的竞争。

比如，有的男孩为了评上优秀班干部，私下请同学吃饭为自己拉票，或是为了赢得老师的信任，就在老师面前诋毁其他同学，这些都是不可取的。父母要让男孩清楚地认识到，真正的竞争不是为了达到目的而不择手段，它是公平、公正、公开的，是有利于提高彼此能力的。

（2）父母要帮助男孩培养竞争中的合作意识。

要知道，竞争只是男孩取得成功的手段之一，而不是最终目的。在竞争中，合作也非常重要，竞争者之间的关系不会永远都是对立的，有时候还可能会成为合作伙伴。父母切忌让男孩为了竞争而竞争，以免男孩为了达到目的而做出一些不理智的行为，最终得不偿失。

（3）父母要帮助男孩学会胜不骄败不馁。

通过竞争，男孩可能会获得成功，也可能会以失败而告终，如果男孩在竞争中因为成功就沾沾自喜，或是因为失败就垂头丧气，那说明男孩缺乏良好的竞争意识。父母要从小教育男孩胜不骄败不馁，让男孩知道“山外有山，人外有人”，切不可因为一点成功就沾沾自喜。同时，也要告诉男孩，就算失败了也没关系，失败不是世界末日，最重要的是要学会分析失败的原因，然后从中得到经验和教训，这样男孩才能明白自己未来努力的方向。

总之，如果父母真的为了男孩好，就要从小培养男孩的竞争意识，让男孩用长远的眼光去看待事物的发展，这样才能帮助男孩敢于竞争、学会竞争，让男孩通过竞争创造属于自己的未来。

提高社交能力，给男孩的未来提供助力

不知道父母们有没有发现这样一种教养趋势，越来越多的父母意识到了社交能力的重要性，在教养男孩的过程中，男孩社交能力的培养也受到了越来越多父母的关注。许多父母都会有这样的困惑：“我家孩子太内向，不知道如何与人交往怎么办？”“怎样才能提高男孩的社交能力呢？”

毋庸置疑的是，这是一个值得被肯定，也值得被鼓励的现象。要知道，社交能力是非常重要的，尤其是对男孩而言，这种重要性主要体现在两个方面：一方面，在生活、学习和工作中，与人相处是男孩必备的能力；另一方面，男孩的人际关系会直接影响其未来的人生是否幸福。

其实，每个男孩对待社交的态度都是不一样的，根据男孩在社交时的表现，我们可以将他们分为以下四种类型：

第一种，受欢迎型。这种类型的男孩往往具有极强的社交能力，他们乐于社交，性格开朗、乐观，也能积极、友好地与他人相处，因此这种类型的男孩很受欢迎，在同伴中有较高的地位和影响力。

第二种，一般型。这种类型的男孩，在与同伴的交往中表现也较为一般，既不积极主动，也不排斥，在与他人的交往中，其主动性、友好性及交友策略性也很一般，因此，这种类型的男孩在同伴中社交地位也一般，喜欢和排斥他们的人都有。

第三种，被拒绝型。这种类型的男孩也许乐于交往，但因为缺少社交技能和策略，因此，在与他人交往的过程中可能会出现不友好的行为。

比如，有的男孩会强行加入其他孩子的活动中，有的男孩会抢其他孩子的玩具，如果别人不给，他就大喊大叫，甚至可能出现攻击他人的行为。因此，这种类型的男孩常常会遭到同伴的拒绝或是排斥，与同伴的关系也不友好，社交地位也比较低。

第四种，被忽视型。这种类型的男孩往往不喜欢与他人交往，经常独来独往，在与人交往的过程中会表现得畏畏缩缩，态度也十分消极，几乎很少与同伴合作，虽然没有表现出拒绝和不友好的态度，但也不会主动示好，所以，这种类型的男孩既没有很多人喜欢，也没有很多人讨厌。因此，他在与同伴交往的过程中很容易被同伴忽视，同伴也很少主动提起他。

接下来的案例可以帮助父母更好地理解男孩的这几种社交类型。

课间，几个小朋友和往常一样，在教室的各个区域玩玩具，君君一个人在搭建区的角落里搭积木，而田烨和豆豆则在另一边一起搭积木。在玩耍的过程中，田烨对豆豆说：“咱们搭个大火车吧！”豆豆高兴地说：“好呀，我最喜欢坐火车了。”于是，两个小朋友一边聊天，一边你一块我一块地搭火车，玩得很开心。

这时，原本在手工区域玩儿的轩轩也来了，他一边往搭建区走，一边说：“我也喜欢搭火车，让我来搭吧。”到了搭建区后，轩轩一把推开豆豆，并抢占了豆豆的位置。被轩轩推了后，豆豆很不开心，哇的一声就哭了起来。看到豆豆哭了，田烨连忙对轩轩说：“不能推人！这是不对的！”

这时，听到豆豆的哭声，老师过来了，并问道：“发生什么事情了？”田烨对老师说：“我跟豆豆在搭积木，轩轩推了豆豆。”听到田烨这样说，轩轩也小声地嘟囔：“我又不是故意的，我也想搭积木嘛！”而在这个过程中，君君始终安静地待在另一边，静静地看着，没有参与，也没有说话。

这个情境中的四个小朋友，其实就代表了社交中四种不同类型的孩子：君君是被忽视型，田烨是受欢迎型，轩轩是被拒绝型，豆豆则是一般型。这其中，田烨所属的受欢迎型应该成为父母培养男孩社交能力时的典范。

众所周知，男孩一出生，就要接受社会化过程，一般当男孩长到两个月之后就开始张嘴咿咿呀呀地回应父母，学会辨别熟人和生人了。而两岁前的男孩最重要的任务就是与抚养自己的人建立依赖感，两岁之后他们才开始有了与同伴相处的需求，喜欢和同伴待在一起。等到了青春期之后，同伴关系可能就会超过了亲子关系，朋友会在孩子心中占据非常重要的位置，相反，父母反而相对变得不再那么重要了。

其实，男孩的社会化过程，就体现了男孩人际关系的发展规律。由此父母可以看出，亲子关系和同伴关系是学龄前儿童的主要人际关系，而与父母的亲子关系又是培养男孩社交能力的基础，换句话说，父母在男孩社交能力的培养中发挥着重大作用。

那么作为父母，在日常生活中应该如何培养孩子的社交能力呢？

（1）循序渐进，在安全范围内，鼓励男孩与陌生人说话。

许多父母担心男孩单独出门会惹祸，因此常常吓唬男孩，使男孩变得胆小怕事；有的父母担心男孩外出会被人欺负，或者学坏，所以常常将男孩关在家中；有的父母担心男孩出去会被传染某些疾病，因此就让男孩大门不出二门不迈。

事实上，只有不安全的陌生人才会对男孩的成长造成威胁，父母应该给男孩创造单独外出的机会，让他们尝试与陌生的小朋友说话，鼓励他们与小伙伴玩耍，让男孩在与小伙伴的沟通中提高自己的交往能力。

比如，父母可以鼓励男孩主动跟邻居问好，跟那些熟悉、性格温和的小朋友一起玩，然后逐渐带男孩走亲访友，到公园、游乐园玩耍，在确保安全的情况下，利用各种机会让男孩和陌生人接触。

（2）鼓励男孩邀请同学来家里做客。

有的父母很爱干净，总想让家里保持干净、整洁，因此不愿意让男孩带同学到家里来玩，其实鼓励男孩邀请自己的同学到家里玩，可以增加孩子们接触的时间，让他们彼此之间学会处理纠纷，更好地掌握与人沟通的方式。

（3）鼓励男孩到同学家做客。

其实，男孩之间的交往与成年人之间的交往类似，都需要你来我往，父母除了鼓励男孩邀请同学来家里做客之外，还可以让男孩到同学家去做客，去的时候可以让男孩带些小礼物，这样也可以让男孩学会周到、礼貌的待人处事技巧。

（4）投其所好，带男孩四处走走。

父母可以根据男孩的喜好来投其所好，选择男孩愿意去的地方，带男孩去旅游，或是四处走走，这样不仅可以帮助男孩拓宽交往的范围和对象，还可以增加男孩对各地风土人情和文化的了解。

（5）父母要纠正男孩在交往中的不当行为。

当男孩在交往的过程中出现不当的行为时，父母一定要及时帮助男孩纠正，指出他们的错误和不足之处，并设法让他们改正过来，这样男孩的友谊才能长久。比如，当男孩伸手去抢别人的玩具时，父母一定要及时制止，告诉他这是不对的。

（6）引导男孩学会购物。

3岁到7岁的男孩完全可以在父母的帮助下去购物，父母可以让他们去买自己需要的玩具或零食等，通过与售货员的交流，男孩可以学习如何与人沟通。刚开始如果男孩有什么困难，父母可以在他们旁边指导、鼓励，教会男孩如何正确表达自己的意愿，让男孩逐渐学会表达自己的想法。

社交能力对男孩未来的发展、人际关系的拓展都有着非常重要的作用，父母一定要从小培养男孩的社交能力，让他们学会解决冲突、与人相处，提高自己的社交地位，成为一个受欢迎的人。

训练观察力，让男孩用细腻的心发现生活的美

父母在对男孩进行能力磨炼的时候，还有一种能力是不容忽视的，那就是敏锐的观察力。只有当男孩具备了敏锐的观察力，他才能在平淡的生活中发现生活的美，才能不断丰富自己的内心，给自己的成长带来不一样的感受。

遗憾的是，大多数父母都没有意识到这一点。现在的父母对男孩更侧重于智商的培养，而忽视了情商和观察力的培养。他们认为观察力本就是天生的，可有可无，其实，这是一种错误的教育观念，观察力值得引起所有父母的重视。

没有父母不希望自己的孩子聪明、智慧，但是大多数父母对聪明的理解有些片面。简单来说，聪明指的就是耳聪目明，这也就是说，其实观察力也是聪明中不可或缺的重要部分。要知道，观察力在智力结构中占据着十分重要的位置，许多科学发明和艺术创造都离不开创造力，男孩只有用心去观察

世界、发现世界，才能更好地认识世界。

对男孩来说，观察力的重要性主要体现在以下两个方面：

一方面，男孩的认知和思维离不开观察力。

男孩要想认识世界，提高对世界的认识，首先就要通过观察拓展自己的思维，然后再对所观察到的事物进行思考。也就是说，男孩对一个事物的认知，是从观察开始的，只有先通过观察了解事物的形态后，大脑才会对该事物产生记忆和想象，才会进一步分析事物，从而拓展男孩的思维。

因此，男孩的认知和思维离不开观察力。只有通过敏锐的观察，才能为男孩的思维提供不可或缺的材料。

另一方面，男孩学习成绩的好坏，很大程度上取决于他们观察力的强弱。

之所以这样说，也是有据可循的，比如，同样是象形文字，有的男孩就能很轻松地看出这些象形文字的区别，而有的男孩却很容易把相似的象形文字弄混淆。这是因为前者具备较强的观察力，而后者则是观察力较弱，这就是观察力强弱的区别。

不少父母都有这样的困惑，男孩在写作文的时候，翻来覆去总是那几句话，没有一点新意，更别提深意了。这是因为这些男孩缺乏观察力，以至于在写作时没有材料。反过来看那些写作能力很强的男孩，他们都有一个共同点，那就是善于观察生活，善于把生活中的事物拿来当作写作的素材。

在学习数学时，具备较强观察力的男孩，要比那些缺乏观察力的男孩更容易听懂、学会。因为他们能够运用自己的观察力，抓住老师讲解的概念的本质，尤其是在有实验演示或图形说明的情况下。观察力较强的男孩总是能通过观察和分析找到更快、更简单的阶梯方法。以下面的一道数学题为例：

请在（　）中填上正确的数：–1、1、2、3、5、8、（　）、21、34。

对于有较强观察力的男孩而言，他们可以通过观察和分析找到这些数字之间的规律，进而得出正确的答案。但是对于一个缺乏观察力的男孩来说，就不是那么容易了。

很多男孩最头疼的就是做理化实验了，因为观察力较弱，这些男孩总是无法通过做实验来认识实验的本质，以及物质的结构等。比如，在做钠和水反应的实验时，观察能力较弱的男孩仅仅看到了钠浮在水面上着火这一表面现象，对其他的一无所知。而那些观察能力强的男孩就不一样了，他们总是能对实验过程进行细致的观察，进而描述出整个实验从钠浮在水面上着火，到钠球消失的多重现象，进而对钠的结构性质有进一步思考和记忆。

可以说，较强的观察力可以帮助男孩更细致地观察事物的微妙变化和发展，进而获取更多的知识信息。

那么父母应该如何培养男孩的观察力呢?

正所谓“处处留心皆学问，勤察深思出真知”，在现实生活中，反思有良好观察力的人，无不是有着一个处处留心的好习惯，这些人总是能认真地观察生活。这也就意味着，观察力不是天生的，而是可以通过引导去培养的。而要想从小培养男孩的观察力，父母可以从以下几方面去着手。

（1）让兴趣成为男孩观察的推动者。

众所周知，“兴趣是最好的老师”，对于男孩而言，只有感兴趣，他们才会主动去观察和发现。因此，作为父母，当发现男孩对什么事物感兴趣的时候，千万不要随意阻止，否则会让他们失去兴趣，失去观察的动力。相反，父母应该引导男孩，有意识地为他们讲解更多他们感兴趣的内容，久而久之，男孩自然会变得敏锐起来，观察力也会随之提高。

因此，当男孩在观察时，千万不要随意地打断或是过分苛责，尤其是在男孩观察得不全面的情况下，否则，很容易让男孩失去观察的动力。

要知道，动力是一切行动的源泉，唯有让男孩保持继续观察的动力，不放弃，他们才能对事物进行更深入的观察，进而提高自己的观察力。当然，父母也可以多带男孩接触不同的环境和事物，毕竟单一的环境和事物会让男孩觉得乏味，久而久之便会失去观察的兴趣。

（2）在实践中培养男孩的观察力。

认知来自实践，不妨让男孩自己动手实践来培养他们的观察力，比如，让男孩自己养蚕，他们可以在养蚕的过程中观察蚕是如何变成茧，又是如何变成蛹，最后破茧成蝶的。

（3）引导男孩学会观察。

生活处处有惊喜，父母应该实时地引导男孩观察生活，比如，引导男孩观察街上不同类型和品牌的车辆，引导男孩观察不同植物的形状，引导男孩观察不同动物的特征，等等，还可以带男孩去郊外或农村感受和观察不同的生活，这些都是提高男孩观察力、开阔男孩眼界的好方法。

（4）教会男孩观察的技巧。

父母在培养男孩观察力的过程中，一定要教会男孩观察的技巧。要知道男孩的注意力很短暂，且常常是三分钟热度，以至于他们总是无法全面细致地观察事物。这就需要我们父母从旁指导，教他们如何有效地进行观察，教他们在观察时应该依据什么样的顺序等。

（5）引导男孩多种感官全面观察。

很多时候，观察事物光用眼睛是看不全面的，还需要用耳朵听，用鼻子闻，甚至用舌头尝。因此，父母要引导男孩有效地与多种感官结合起来进行观察，这样不仅能增强观察的效果，提高男孩的兴趣，同时还能提高男孩的观察能力。如此一来，男孩怎么会不聪明呢？

以上分享了培养男孩观察力的具体方法，希望在教养男孩的过程中，父母能够学以致用。

学会结构化思维，让男孩终身受益

语言是人们表达自己的重要方式，自人类出现以来，它便成了人们传递信息、表达内心的重要工具。如今，随着科学技术的不断发展，人们的沟通方式也变得越来越便捷、越来越多样化。

比如，随着电话的出现，人们实现了不用见面就可以互相沟通；而随着互联网的出现，人们又实现了即便不见面、不发出声音，也能随心所欲地表达自己的观念。

当然，这种便捷对于人们的沟通能力和表达方式也提出了越来越高的要求。简单来说，就是要求人们要在有效的时间内做到准确地表达出自己的观念、抓住听众的耳朵、吸引听众的注意力。而要做到这一点，就要求人们必须拥有能够帮助自己更好地理清自己的表达重点以及表达程序的结构化思维。

从这个角度来说，培养男孩的结构化思维，让男孩拥有清晰的头脑和有条理的做事方法也是父母在教养男孩的过程中应该重点关注的内容。那什么是结构化思维呢？

在回答何为结构化思维这一问题之前，父母不妨先来看以下三个孩子的自我介绍。

在一次班会上，三个孩子就“我的弟弟/妹妹”这一话题进行了一次演讲。他们的演讲内容分别是这样的。

唐唐说：“我有一个弟弟，他今年4岁了，我很爱我的弟弟。”

达达说：“我的弟弟今年刚满6岁，我最喜欢看他跳舞和表演节目的样子，很可爱。他也特别调皮，他老玩我的玩具，每次也不帮我收拾好，还把我的玩具弄丢了几样，其中还有我最喜欢的小熊布偶。还有一次我正在看书，他从后面冲过来，吓了我一跳，我差点从椅子上摔下来。说到看书，我的同桌蕊蕊也很喜欢，我们经常交换书看。有一次，她带了一本白雪公主的连环画，我特别喜欢，她就送给我了。我最喜欢白雪公主了，这个星期天，爸爸妈妈还要带我去剧院看白雪公主的儿童剧呢……”

熊健说：“我的弟弟叫熊康，他今年5岁了，我们都喜欢叫他康康。他有一头乌黑的头发、一双会说话的大眼睛，笑起来很可爱，有时还会做鬼脸。他喜欢唱歌、跳舞、画画，前不久，他参加班级的绘画比赛还得了第一名。

“他有很好的语言天赋，特别会讲故事，在家喜欢当小老师。他也是一个勤奋、独立的孩子，从3岁开始就可以自己吃饭睡觉了，平时在家也会主动叠衣服、收拾玩具、洗碗和倒垃圾。他还是一个乐于与人分享的小朋友，有好吃的会分享给家人和同学。

“不过，他也有一个小缺点，每当生气、难过或者不开心的时候，他总是喜欢哭，有点娇气。我希望未来他可以努力改掉这个坏毛病，成为更完美的人。

“这就是我可爱的弟弟，我很爱他，谢谢大家。”

不难看出，在上述的情境中，唐唐的演讲非常简短，这其实也是大多数男孩在说话的时候最常出现的状态，在面对很多人讲话的时候，总是会很紧张，所以不自觉地就会能少说就少说；达达的语言虽然很丰富，想象力也不错，但由于缺少语言组织能力和逻辑性，他总是想到什么说什么，而忽略了主体和场合，让大家听得云里雾里；而熊健则具有很强的逻辑性和条理性，在最短的时间里表达了最多的内容，并且让大家都听得很明白，在他的这段演讲中所体现出的，其实就是一种结构化的思维。

简单来说，所谓的结构化思维，是指能够针对某个事物，发展出认识这个事物的几个维度，然后再针对几个维度，继续发展出若干要点。

为什么要培养男孩的结构化思维呢?

其实，通过对上文情景中三个男孩的演讲内容进行对比，可以得出这样一个结论：一个缺少结构化思维的男孩，通常会缺乏条理性和逻辑性，在说明一件事物或者做一件事情的时候，总是会想到哪儿就说到哪儿、做到哪儿，即兴成分较多，而系统思维较少；而一个拥有结构化思维的男孩，在说话做事的时候则能很好地抓住重点、理清顺序，做到有条有理。

这便是结构化思维的魅力，也是父母要着重培养男孩结构化思维的重要原因。那么，结构化思维对男孩的成长有什么作用呢？父母又该如何去培养呢？具体可以从以下三个维度出发：

（1）结构化思维可以培养男孩的全局性和发散性思维。

当男孩具有了结构化思维以后，那么男孩在想问题的时候，就会思考得更仔细、更全面，并且更具有全局视角和发散性思维。以学习为例，在学习的过程中，如果男孩具有结构化思维，那么他们往往能够更好地把知识串联起来。

比如，以学习语文课本中的一篇文章为例，众所周知，要想了解一篇课文的结构，需要三个步骤：一是通读全文，二是在大脑中思考主要内容，三是思考次要内容。而具有结构化思维的孩子，在进行完第一个步骤后，就能很好地把这篇文章中的主要内容、中心句、生词等重要信息串联起来，在脑海里形成一幅形象的思维导图，迅速理清主次，抓住重点，这对于男孩理解这篇课文是非常有帮助的。

（2）结构化思维能够有效提升男孩的条理性。

在现实生活中，我们常常会看到这样一种情形，男孩做起事来总是慌张忙乱、缺少计划和安排；男孩原本定下的目标和计划总是无法有序推进；男孩说话做事总是今天一个想法、明天一个想法……这一切，其实都是缺乏结构化思维的典型表现。而结构化思维的第二大优势就是：能够有效地帮助男孩提升条理性，让男孩说话办事更具有逻辑性。

比如在时间管理方面，如果男孩能够拥有结构化思维，那么，他们就能懂得将每天要做的事情固定下来，从而形成稳定的结构。例如，早上七点起床、七点半吃早餐、八点上学等，一旦这个稳定的结构在他们的脑海里形成了，他们的良好习惯其实也就养成了，他们一天的安排就会显得高效、有序、有条理。

（3）结构化思维能够培养男孩的独立能力。

在前面的章节中，已经不止一次地强调过独立能力对于男孩成长的重要性，那么，在生活中，如何才能有效地去培养男孩的独立能力呢？

比如，以旅行为例，当父母选定了心仪的旅行目的地后，就可以把规划行程、制作攻略的任务交给男孩了，让他们真正从旅游的参与者转变为旅游的执行者。当然，如果男孩是初次做这件事情，他们可能会显得手忙脚乱、没有头绪，那么此时，作为父母就应该指导男孩如何一步步去安排和进行合理规划，这个过程，其实就是在培养男孩的结构化思维。当男孩有了经验后，下一次，他就可以更好地按照这个步骤去做。

总之，结构化思维是促使男孩头脑清晰、做事情有条理的重要因素，也是父母在教养男孩的过程中应该重点关注的内容。

第九章
别忽视性别教育，男孩的阳刚之气要从娃娃抓起

受传统观念的影响，不少父母认为，有关性的问题不用特意去教育，等男孩长大了自然就懂了，有的父母甚至还喜欢给男孩穿女装。这种忽视男孩性别教育的做法极易导致男孩长大后没有阳刚之气，因此，父母要从娃娃抓起，从小培养男孩的阳刚之气，引导男孩健康地成长。

妈妈，我从哪儿来的？——这永远是个问题

几乎所有的男孩都问过妈妈这样一个问题：“妈妈，我从哪里来的？”对此，父母应该如何回答呢？

过去，父母可能会以开玩笑的方式告诉男孩说：“你是从石头里蹦出来的。”“你是在路边捡来的。”“你是从妈妈肚脐眼里出来的。”而现在父母的回答更是五花八门，比如：“你是充话费送的。”“点外卖送的。”“网上买的。”

这些回答看似很有趣，但其实是给男孩输入了错误的认知，不仅混淆了男孩的想法，也错过了和男孩坦率讨论性的难得机会。正确的做法是，父母应该通过一些绘本或是一些科普读物来给男孩进行解释。

有机构调查表明，对孩子进行正确的性知识引导，不仅不会造成青少年性泛滥，反而还会推迟性行为发生的年龄。

在3岁之前，男孩的性别意识很模糊，对男孩女孩没有什么概念，但在

3岁之后，男孩开始慢慢察觉并理解自己与女孩是有区别的。不仅会经常把“我是男孩”挂在嘴边，还会对自己衣着的颜色、款式等有要求，以此来区别与女孩的不同，这就是最初的心理性别。

因此，父母最好在男孩3岁左右就开始培养男孩的性别意识，告诉男孩，男孩与女孩的区别，尤其是当男孩问到“我从哪里来的？”时候，父母更是要抓住这个机会，对男孩的性教育做正确的引导。

3岁的文浩最近总有许多稀奇古怪的问题，一天晚上，文浩问妈妈：“妈妈，我是从哪里来的？”

妈妈回答说：“你是从妈妈肚子里来的，你看，妈妈肚子上有一个刀口，你就是从这里被医生拿出来的。”

可没几天，文浩又有了新的疑问：“妈妈，那我是怎么跑到你肚子里的呢？”

文浩妈妈不知道该如何向文浩解释，于是就给文浩买了本《小威向前冲》，然后通过绘本向文浩解释了这个问题。

文浩妈妈的做法很值得父母学习，用绘本形象直观地向男孩解释这个问题，不仅解决了父母的困扰，而且也对男孩的性教育做出了正确的引导。

需要注意的是，父母在给男孩读绘本的时候，不要觉得不好意思，要知道，小男孩的心思很单纯，还有一点是如果男孩不问，父母就不用深入地去讲解，按字面意思解释即可。否则，这个问题就会变成一个没完没了的生命哲学题。

其实，男孩正是通过和父母的交流，才能从中获得初步的人生观和世界观，因此，聪明的父母会抓住这样的机会，对男孩的人生观和世界观做出正确的引导。有的父母也许会觉得很难，其实并不难，父母只要能掌握以下两点就能轻松应对。

（1）不刻意回避男孩的问题。

父母可以像文浩的妈妈一样，利用绘本、科普类书籍来帮助男孩认识自己，如果男孩提出类似的问题，父母也不要刻意回避，而是应该主动告诉男孩，你是爸爸妈妈的结合，来自妈妈的身体，你身体里流着和爸爸妈妈一样的血液，等等。这些既真实又模糊的说法不仅能让男孩知道自己到底是从哪里来的，还可以增进亲子关系，让男孩知道“身体发肤受之父母”，要懂得珍惜和爱护。

（2）不过分强调男孩的问题。

虽然说父母不用刻意回避男孩的问题，但在回答的时候也要把握好度，不能过分强调。有的父母给男孩讲绘本的时候，看到一些敏感的词会觉得不好意思，会刻意地回避或是脸红，其实这是不对的。

过度渲染和强调只会让男孩觉得更神秘，虽然男孩还很小，还不能完全理解父母的这些表现，但随着年龄的增长，男孩的好奇心也会日益增长，这些都不利于男孩身心健康的发展。

因为此时在小男孩的思想里只有问题本身，他只想得到问题的答案，所以，当父母提及敏感词语时，一定要表现得自然，按照字面意思讲解即可，不回避、不刻意、不强调。

要想做一个专业又科学的父母是不容易的，因此，父母也需要不断地学习，边学边做，与男孩一同成长。

别给男孩穿女装，谨防男孩走进性别误区

现在有些男孩小小年纪就好看得不得了，偏偏又有一个喜欢女孩的妈妈，总是把帅气的小男孩打扮成小女孩，扎辫子、绑蝴蝶结、穿公主裙等一个都不少，看着自己打扮的“小公主”如此漂亮，很有成就感，不是拍照就是录视频，还到处炫耀。

殊不知，这些妈妈的行为很可能会给男孩产生以下的影响：

（1）造成男孩性别意识扭曲。

男孩和女孩本就天生不一样，他们各有特点，女孩温柔、美丽，其语言能力和情感表达能力更突出；男孩则调皮、好动，其运动能力和空间思维能力更突出。如果父母经常给男孩穿裙子、扎辫子，那么属于男孩本身的阳刚之气就会逐渐消失，长此以往，有些男孩可能还会觉得自己就是一个女孩，觉得女孩的气质才是他本来的气质，这样就导致了男孩性别意识的扭曲。

（2）导致男孩被人嘲笑

父母给男孩穿女装是否考虑过男孩的感受呢？要知道，给男孩穿女装不仅会给男孩带来困扰，还会让男孩遭到别人的嘲笑。

比如，当男孩穿着裙子想上厕所的时候，他是要去男厕所，还是女厕所呢？如果去男厕所的话，其他小男孩肯定会指指点点，嘲笑他；可如果去女厕所的话，他自己也会不自在，毕竟他是男孩呀。所以父母一定要考虑男孩的感受，以免对男孩造成不必要的困扰。

（3）会导致男孩产生心理阴影。

男孩扎辫子、穿裙子，很可能会被其他小伙伴嘲笑，那么他一定会不开心，心里也会不舒服。如果这种不良情绪不断积累，可能会导致男孩产生心理阴影，长此以往，甚至会封闭自己，拒绝正常的社交。

虽然爱美之心人皆有之，但作为父母，一定要考虑男孩的感受，该穿什么衣服，不该穿什么衣服，一定要想清楚，以免给男孩带来不可磨灭的心理阴影。

那么，父母应该如何对男孩进行正确的性教育呢？具体可以从以下几个方面入手：

（1）从小培养男孩的性别意识，不要刻意混淆。

在男孩还小的时候，父母千万不要混淆男孩的性别意识。有的父母因为自己爱美，或是很想有个女孩，因此总是有意无意地把男孩的衣着、玩具女孩化。

比如，给男孩穿公主裙、扎辫子、房间的装饰偏向女性化等。要知道，这些都可能会导致男孩性别意识混乱，甚至会导致男孩用女孩的性别来塑造自己，使男孩逐渐出现女性化的举止，喜欢和女孩一起玩，喜欢女孩的玩具等。久而久之，当心理性格和生理性格出现严重不一致时，男孩会对自己的性别产生认同困难。

因此，父母应该在男孩3岁前就开始培养男孩的性别意识。比如，经常告诉男孩他是男生，应该勇敢、坚强，或是多让父亲陪男孩玩，带着男孩做体育运动、玩游戏等。这样做都可以帮助男孩建立正确的性别意识，当然也不一定非要刻板地去塑造男孩，可以适当允许男孩按自己与生俱来的气质发展。

（2）父母要注意自己的衣着打扮，为男孩树立好榜样。

都说父母是男孩的第一任老师，此话不假，因为父母的衣着打扮和言行举止，会直接影响男孩对性别的认知。比如，男孩的父亲本身有点女性化，平时的穿着打扮也比较偏向女性，那么这样的父亲，很可能会给男孩带来错误的性别认知，因为男孩最初对自己的性别认知完全来自父母的引导。

因此，在日常生活中，父母一定要注意自己的衣着打扮和言行举止，为男孩树立一个好的榜样，以免给男孩带来误解。

（3）不要武断、简单地斥责男孩的窥视行为。

在男孩还小的时候，如果父母去上厕所或是洗澡，男孩可能会偷偷溜过来看几眼，此时，父母千万不要大惊小怪，甚至是大声斥责男孩是“流氓”。其实，这个时候的男孩只是出于好奇才跟过来，他们只是想看看父母的身体与自己有什么不同，如果父母的反应太过激烈，反而会强化男孩的好奇心。

因此，此时父母应该用坦然的态度来谈论此事，简单地告诉男孩：“这样是不文明、不礼貌的，下次不能这样了哦！”其实，男孩在上幼儿园的时候，也能在一种自然的状态下对性别差异有一定的认识，父母只要在恰当的时候做出正确的引导即可。

男孩的性别意识，越早培养越好

在本节开始前，先来看一个小故事：

晨晨妈妈和玮玮妈妈是好朋友，两人约好了星期天都把儿子带上，一起看电影。电影开始前，晨晨想上厕所，于是晨晨妈妈很自然地带着晨晨去女卫生间，玮玮连忙上前拉住晨晨，才4岁半的玮玮一本正经地对只比他大半岁的晨晨说："男孩是不能进女卫生间的。"

玮玮妈妈先是愣了一下，然后笑着对晨晨说："晨晨，听说你很勇敢，要不这一次你自己去男厕所，妈妈和阿姨都在厕所外面等你，可以吗？"

晨晨妈妈刚开始还有点蒙，随后便安抚了晨晨，让他自己去男厕所了。

后来，看完电影后，晨晨妈妈问玮玮妈妈："玮玮这么小就有性别意识，是天生的吗？"

玮玮妈妈笑着说："哪有什么天生就会的呀，玮玮还不到3岁时，我就开始教他区分性别了。”

晨晨妈妈惊讶地问：“3岁，什么都不懂，教这些会不会太早了？”

父母觉得3岁开始培养男孩的性别意识真的早吗？不，一点都不早！

有心理研究机构表明，孩子在两岁左右就开始有了性别萌芽的意识，3岁就明显出现“男女有别”的意识。因此，3岁开始培养男孩的性别意识一点都不早。

两岁左右的男孩会逐渐意识到性别的不同，也会慢慢区分出谁是小姐姐，谁是小哥哥。此时的男孩喜欢观察自己的父母，他们会从父母的身上了解更多关于性别的特征，比如，观察父亲和母亲的性别差异、形象差异、行为方式以及兴趣爱好等，还喜欢模仿与自身性别一致的特征。

经过近一年的积累，3岁左右的男孩就对性别有了初步的意识，此时，父母就要开始注意男孩性别意识的培养了。这里的培养不仅仅是简单地告诉男孩“你是男生”，而是要从男孩的衣着、行为举止等各方面来进行培养。

比如，母亲不要在男孩面前换衣服、最好是爸爸给男孩洗澡、上厕所时要关门、男生不能进女厕所等，这些都能让男孩慢慢意识到“男女有别”，要知道，这也是男孩心理性格形成的过程。

那么，父母培养男孩的性别意识应该从哪方面入手呢？以下几点可供父母参考：

（1）从男孩的衣着入手。

要知道，衣着是培养男孩性别意识的重要工具之一。现如今，男孩不穿裙子，女孩穿裙子似乎已经变成了一种约定俗成，更是男孩、女孩的性别标志之一。所以，父母可以从男孩的衣着入手，从小给男孩穿性别明显的衣着，因为有明显性别区分的衣着能帮助男孩进行性别区分。需要注意的是，在男孩的衣着方面父母也不必规定得太死板，只要明显偏男性，能帮助男孩区分衣着性别归属就可以了。

（2）从色彩上入手。

在人们的普遍意识中，男孩就应该穿蓝色，女孩就应该穿粉色，这一切似乎成了明显的性别标志，其实，父母也可以通过这种色彩上的差异来培养男孩的性别意识。现在，有的医院给新生儿准备的襁褓就是男孩是蓝色的，女孩是粉色的，虽然新生儿不会有性别认知，但这些明显的颜色差异能尽早帮助男孩建立色彩归属感，逐渐培养男孩的性别意识。

（3）从玩具的选择上入手。

虽然玩具的种类有很多，但其实玩具也有明显的性别特征，比如，在很多人的眼中，小汽车、奥特曼、玩具枪等都是男孩的标志，因为这些玩具能促进男孩对机械的兴趣，而毛绒玩具、芭比娃娃、厨房玩具等都是女孩的标配，因为这些玩具能激发女孩的柔性本能。

因此，父母可以从玩具的选择上入手，给男孩提供相应性别的玩具，以此来培养男孩的性别意识。

（4）从与男孩的相处方式入手。

父母可以从与男孩的相处方式入手来培养男孩的性别意识。比如，对男孩表示鼓励、肯定时，父母可以采取拥抱的方式。此外，还有前文中提到的，男孩最好是爸爸带着洗澡，不要带男孩进女厕所，等等，这样既可以培养男孩的性别意识，又能避免日后在公共场所出现尴尬。

（5）从男孩的运动入手。

对男孩来说，选择爬山、攀岩等具有挑战性的运动既能培养男孩的冒险精神，又能锻炼男孩坚强的品格，这些对培养男孩的性别意识是很有帮助的。

需要注意的是，培养性别意识的最终目的是让男孩了解并尊重性别差异，知道保护自己。因此培养男孩的性别意识不代表强制改变男孩的性格，如果男孩天生有某些方面的喜好，比如4岁的男孩不喜欢汽车，就喜欢毛绒玩具，父母也不要过于担心，更不能盲目压制，强迫男孩去改变，也许他只是比较喜欢这种动物，或是这个玩具的造型而已。

父母要明白，培养男孩的性别意识与尊重男孩的喜好并不冲突，也并不意味着就要对男孩进行性别的不平等教育。要知道，培养男孩的性别意识不是一蹴而就的，而是需要时间的积累，在潜移默化中进行的。

此外，男孩提出的有关性别的问题，父母也要及时解答，不要刻意回避，也不要过分渲染。这样才能帮助男孩明确性别的不同，才能从生理上和心理上对男孩进行正确的性别意识引导。

教会男孩保护自己：别让坏人侵犯你

洋洋妈妈正在网络上看新闻，正好看到一则猥亵儿童的新闻。新闻上说：某某高管在酒店内对幼童进行猥亵。看完新闻后，洋洋妈妈心情沉重，于是与同事讨论此事。讨论期间，洋洋妈妈说："还好洋洋是男孩，否则我该多操心。"

谁知同事说了一件让洋洋妈妈更忧心的事，原来，同事所在的小区内，有一个6岁男孩被一个邻居猥亵了。

听同事说了后，洋洋妈妈有些坐不住了，也意识到自己之前的想法太片面了。

看到这里，父母们还觉得男孩不需要进行性教育启蒙吗？作为父母，不是去思考男孩是否会被猥亵，而是应该思考如何对男孩进行性教育，教会男孩保护自己，这才是最重要的。

父母要知道，性侵害不仅仅是指性器官的接触，还包括眼、耳、鼻、唇、皮肤等一切与性有关的接触。更应该知道，有时候坏人不一定都是陌生人，很可能是那些难以预防的、身边的一些熟人。比如，继父、继母、邻居或是家中的亲戚等。

那么，坏人一般会选择什么样的男孩作为目标呢？

根据有关部门的研究表明，坏人一般会选择那些顺从、听话、不懂拒绝别人的男孩；或是那些缺乏亲情、渴望被呵护、希望被关爱以及亲密感匮乏的男孩；或是那些容易受物质、金钱、食物等诱惑的男孩。

因此，父母要加强对男孩的性教育培养，教会男孩保护自己，明确告诉男孩身体的哪些部位别人是不能碰的，哪些行为是属于猥亵、侵犯，更要告诉男孩当坏人侵犯你的时候，你要怎么样做？具体可参考以下几点建议：

（1）对男孩的性启蒙教育，越早越好。

当男孩能听懂父母说话，能开口说话时，就可以对男孩进行性启蒙教育了。此时的男孩对自己的身体也非常感兴趣，父母只需要告诉男孩身体的每个器官叫什么名字，并教会男孩区别男女即可。

需要注意的是，在告诉男孩身体器官名称的时候，不要觉得不好意思开口，也不要用方言，更不要随便给男孩的身体器官取一个名字。而是要坦诚地说出来，该叫什么就叫什么，也许刚开始有些别扭，但说出来也就习惯了。

有的男孩在3岁左右，会偶尔玩弄自己的生殖器官，此时，父母千万不要大喊大叫、粗暴地制止男孩的行为，而是应该淡化处理。因为男孩可能只是在探索自己的身体而已。对此，正确的做法是，父母可以对男孩说："手上有很多细菌，所以为了它好，尽量不要去摸它。出去了就更不可以，会被其他人看到。"这样就能给男孩设立明确的界限，什么是可以的，什么是不可以的。

（2）教男孩保护自己的身体，学会说“不”。

父母要教男孩保护自己的身体，教导男孩识别亲友和陌生人触碰的含义。比如，有的人表现得非常热情，不管男孩愿不愿意，见到男孩就抱起来乱亲一通，男孩明明已经扭着身体想要避开了，可对方还是紧抓着不放，此时，父母就要告诉男孩要勇于说“不”。

父母要告诉男孩：“身体是属于自己的，在没有经过你同意的情况下，任何人不得触碰你身体的任何部位，如果有人未经同意就去摸你、亲你，一定要拒绝。”

教男孩对那些喜欢触碰他的人说：“如果你喜欢我，你可以轻轻拍拍我，也可以和我握手，但是我不喜欢别人抱我、亲我。”让男孩说出自己的想法，明确告诉对方自己能接受的表达方式。

（3）教男孩遇到危险时，一定要想办法离开。

在日常生活中，父母一定要教会男孩如何辨别危险，这样男孩才能在第一时间意识到自己正处于危险之中。

比如，告诉男孩在偏僻的地方要走大路，不要走小路，或是结伴而行；告诉男孩有可疑的人靠近时一定要大声呼喊，引起周围人的注意；告诉男孩不要把与自己家有关的基本情况告诉陌生人；告诉男孩当他遇到危险的时候，一定要想办法离开。

（4）告诉男孩遇到紧急情况时应该向谁求助。

父母一定要告诉男孩遇到紧急情况时，该如何处理，可以向谁求助；告诉男孩无论在任何时候、任何情况下，家人是他永远的依靠，是可以信赖的。

此外，哪怕真的发生不好的事情，父母也要注意对男孩的态度，切勿激动，要保持平静，不要逼迫男孩回忆被施暴的情景，不要用质问的语气对男孩是说“你怎么不早说？”之类的话。否则，男孩会误解父母的意思，以为父母不相信自己，是在责怪自己。

都说社会很复杂，但其实复杂的不是社会，而是人心。作为父母，虽然不能时刻在男孩身边，但是一定要抓住机会尽早培养男孩的性意识，教会男孩保护自己，让男孩明确知道，什么行为或动作是侵犯，以及遇到危险后应该怎么做，这样才能防患于未然，毕竟坏人不会嫌孩子“还小”。

第十章
准备好了吗？请和男孩一起进入青春期

处于青春期的男孩，无论在生理上还是心理上都会发生巨大的变化，这种“第二次诞生”的阵痛极易引起男孩情绪上的波动。对此，许多父母感到措手不及，其实，只要父母能换位思考，正确面对男孩的变化，就能帮助男孩顺利、健康地成长。

成长，是青春期男孩的教养要点

当男孩迈入11岁的门槛后，他们便逐渐告别了儿童期，而步入了人生中最重要的阶段之一——青春期，这也是男孩继婴儿期后，人生第二个生长发育的高峰期。

毫无疑问的是，青春期是人生中最浪漫、最神秘的时期，也是最令人困惑、最不可思议的时期，在各种文化中，它都被视为一种巨大的挑战。在此期间，男孩的身体、行为模式、自我意识、沟通和情感特征以及生活观等都开始与孩子分开，逐渐向成人靠近。因此，作为父母，在这一阶段，应该把教养的重点放在男孩的成长上，教他们正确认识青春期，并帮助他们顺利度过青春期。

我国的青春期年龄段一般是指11岁~18岁，而根据不同年纪的男孩在生理和心理上的不同变化，青春期又可以进一步细分为两大阶段：一是11岁~14岁，这一阶段主要是男孩的性萌发期；二是14岁~18岁，这一阶段主要是男孩的性成熟期。

青春期是人生的重要过渡阶段，也是男孩人生观和世界观开始逐步形成的一个关键时期。在这一阶段，男孩的生理发育和心理发育都会发生许多巨大而奇妙的变化。具体有以下几个变化：

一是生理的变化。

青春期的男孩最大的变化就是生理上的变化。比如，这一阶段男孩的身高、体重等都会迅速增长；心脏、肺脏、肝脏等身体器官的功能也会逐渐成熟，接近成人的标准。

一般来说，男孩的青春期较女孩而言会相对来得晚一些，其中最典型的生理变化是开始长胡须、喉结变得突出继而引起变声、肌肉和骨骼发育坚实、逐渐形成具有男性特征的魁伟体格。

当然，无论是男孩还是女孩，在青春期时期，都会有一个共同的生理变化，那就是由儿童向成年人的过渡，性开始成熟，对于男孩而言，性成熟的标志是开始出现遗精。

二是心理的变化。

当迈入青春期后，男孩的大脑生长发育也会日渐成熟，再加上身体及性的变化，这一时期，男孩的心理也会发生巨大的变化：

归纳起来，心理的变化主要体现在以下几方面。

（1）由儿童时期具体的形象思维向抽象的逻辑思维发展。

如果父母认真观察就会发现，迈入青春期的男孩往往会表现出爱钻牛角尖、喜欢辩论、打破砂锅问到底、敢于挑战家长和老师等特点。这是因为，在这一时期，他们的大脑和神经系统都得到了更全面的发育，他们的思维也逐渐由儿童时期具体的形象思维向抽象的逻辑思维发展，具有了更显著的独立性和判断性。

不过，需要注意的是，虽然在这一阶段，他们已经迎来了智力发展的黄金时期，并且呈现出了初生牛犊不怕虎的闯劲，但是，由于缺乏交流技巧，他们在与人交往的过程中，也很容易遭遇挫折。

（2）自我意识开始觉醒。

所谓的自我意识，简单来说，就是男孩对自己以及自己和周围事物关系的一种认识。

当男孩进入青春期后，他们的自我意识便开始逐渐觉醒了。在这一过程中，他们一方面会进入一个“自我发现”的新时期，从而更好、更深入地体验到自己内心世界和心理活动的存在，形成更准确的自我评价；另一方面，他们也开始更明确地感受到自己和父母、老师以及其他人之间存在的各种关系。

最典型的表现是，这一阶段的男孩，开始有了自己崇敬和追随的对象，这个对象可能是同学、老师，也可能是明星、科学家、领袖人物等。此外，相比于父母，他们也更愿意和志同道合的同龄人相处。

（3）情绪多变。

进入青春期后，男孩的情绪也变得更多变了。这种情绪，既有对未来的憧憬，也有对现实生活的感悟。并且，这一阶段的男孩情绪极易波动，且带有明显的极端性。比如，很多时候，他们也许前一秒还心花怒放，后一秒就悲观失落，甚至暴跳如雷了。

这种情绪的跳跃性和多变性，也决定了他们很容易与他人，尤其是父母发生冲突。

（4）性意识萌发。

性意识萌发也是青春期的一种典型的心理特征。一般来说，当进入青春期后，男孩的性心理发展会经过三个阶段：一是对异性的暂时疏远期；二是对长者的敬慕期；三是对异性的向往期。

随着性意识的出现，男孩的性格、兴趣、爱好也都会发生相应的变化，典型的表现是这一时期的男孩会变得更在意自己的形象以及异性对自己的评价。与此同时，他们会更愿意去尝试与异性交往，但在尝试的同时，他们往往也会害怕被人发现，这也就导致了他们和异性的交往通常都是神神秘秘、羞羞答答的。

当然，这一时期，许多家长最担心的就是男孩的早恋问题。其实，严格来说，这一时期的恋爱，尤其是在青春期的早期，往往并不是真正意义上的恋爱，只是彼此间有共同语言，喜欢待在一起、彼此欣赏、愿意一起交流。所以，对待这种早恋，作为父母，一定要慎重，如果一味地打压，甚至因此而否定男孩，那么，可能就会对男孩造成严重的心理负担，甚至直接影响男孩的学习和生活。

青春期是男孩成长过程中最敏感也是最关键的阶段，对父母而言，这也是教养男孩的过程中最艰难的一段时光。对青春期的男孩而言，父母以往十分奏效的教育方式可能都无法奏效了，甚至还会引起男孩的无限反感。那么此时，父母又该用什么样的方式教养男孩，帮助男孩顺利度过重要的青春期呢？

（1）父母要正确对待男孩的“叛逆”。

不知从什么时候起，曾经与自己无话不谈的男孩突然对自己多了一分警戒和排斥，比如，男孩锁起了日记；男孩拒绝回答自己的问题；男孩我行我素、自作主张……相信作为青春期男孩的父母，许多父母对于男孩的种种“叛逆”行为都非常激愤和失望。而这也是导致大多数青春期男孩和父母之间关系紧张的关键原因。

其实，作为父母，应该懂得，男孩的这一切变化都是青春期的正常表现，因为当男孩到了一定的年龄之后，他们的内心世界就更加丰富了，他们会有自己独立的思考和对世界的判断，他们也会有自己不想被外人知道的小秘密。所以，对于男孩的一切叛逆行为，作为父母，应该给予充分的理解。

首先，父母不应该再像对待不懂事的男孩一样，要求男孩无条件地服从和遵守自己的命令，而应该像对待成人一样对待他们，给予他们充分的尊重和重视。

其次，要给予男孩发表意见和观念的权利，尤其是在一些家庭的“重大决策”方面，比如添置高档电器、外出旅游等方面，坦白地告知男孩并征求他们的意见，让他们意识到自己也是家里的主人。

最后，要尽可能地理解并包容男孩，因为青春期毕竟只是通向成年的桥梁，青春期的男孩也不是真正意义上的成人，很多时候，他们的意见以及他们对事物的判断本身就是不妥当甚至是荒唐的，所以作为父母，要给予他们多一点的理解，并学会用正确的方式去引导他们。

（2）鼓励男孩与同龄人交往。

在男孩的童年时期，男孩最重要的心里支撑当然是非父母莫属。但是当男孩迈入青春期后，这种状况就会发生变化，由于独立感和成熟感的出现，他们会变得不再愿意像小时候一样依赖父母，甚至非常迫切地想要摆脱父母的控制。相比于父母，他们可能会更愿意信任那些一同经受“成长的烦恼”、一同品味“成长的欢欣”的同龄人。

当父母觉得男孩穿的衣服太花哨，并要求男孩再换一件的时候，男孩的反应多半可能是从鼻孔里冷冷地发出一声“哼”！他们的潜台词其实就是“你懂什么”。而同样的话，如果从同学或朋友口中说出来时，则会引起男孩的充分重视，男孩可能立马就会重新换一身衣服。

当父母对男孩说：“我们一起去公园散散步吧！”男孩很可能并不会像

小时候一样欢呼雀跃，反而会表现出勉强和拖拉；而同样的邀约，如果是同学或朋友发出来的话，男孩可能就会非常兴奋。

作为父母，不管你愿不愿意、不管你多么爱你的男孩，你都必须承认，在进入青春期后，最能影响男孩的人已经不再是父母了，而变成了同龄人。我们都知道，每个人都是从他人的眼中认识自己的，所以，这一时期，为了让男孩具有更好、更健康的自我意识，作为父母，我们应该多鼓励男孩去结交朋友。

总之，青春期是人生中最重要也是最关键的时期，作为父母，我们要充分理解并尊重男孩，维护好男孩内心美好的世界，为他们的成长铺桥搭路。

别总用命令的口吻，要求青春期男孩对自己言听计从

青春期的男孩自我意识不断增强，他们不再喜欢事事听从父母，不喜欢父母用命令的口吻与自己说话，他们更喜欢按自己的意愿去做事。因此，对待青春期的男孩，父母不能总是以长辈的姿态命令男孩，要求他们对自己言听计从，而是要结合青春期男孩的心理特点，尊重他们的成长规律，引导男孩顺利度过青春期。

爸爸对博华的管教从小就特别严，如果发现博华有什么地方做得不好，就要求他必须改正。上初中后的博华觉得自己已经长大了，有些事可以自己做主了，可爸爸还是什么事都管着他，让他一点主动权都没有。

让博华最受不了的，就是爸爸总是用命令的语气教育他，就算他据理力争也没有用，所以他最近经常和爸爸为了一点小事就吵架，以至于家庭氛围很是紧张。

博华从小就爱打篮球，可爸爸总是以耽误学习为由不让他打球。他觉得打篮球特别过瘾，虽然爸爸不让他去，可他还是一有空就约上好朋友一起打篮球，有时都忘记了回家的时间。他特别爱看篮球比赛，不仅如此，为了提高打篮球的技巧，他还在网上查找相关的视频，对打篮球已经到了一种痴迷的地步了。

有一天，博华放学回家后，看到爸爸不在家，就拿着篮球下楼了。爸爸回家后发现博华不仅没有写作业，竟然还在玩篮球，于是非常生气地对博华说："平时教你的都忘了吗？赶紧跟我回家写作业。"

博华正玩得高兴，不想现在就回家，于是他对爸爸说："我再玩一小会儿，马上就回去。"

可爸爸坚决不同意，还恶狠狠地说："现在我说话你都不听了是吧，我说现在回就现在回，哪儿那么多话，马上回去。"

博华虽然极不情愿，可最终还是在爸爸的严厉要求下抱着篮球回家了……

父母们是否会觉得博华爸爸的做法似曾相识呢？其实，在现实生活中，许多父母都是用类似博华爸爸的教育方法来教育男孩的，总认为男孩必须要听自己的，否则就是不听话。殊不知，这种强势的态度只会把男孩越推越远。

要知道，青春期的男孩往往比较任性，父母越是强迫他，他越不会听，有些除了是性格原因外，最主要的还是由男孩青春期心理特点决定的。

青春期男孩的自我意识和自尊心都在不断地增强，生理和心理的变化都会使男孩产生一种动荡的心理。因此，在这一敏感阶段，父母千万不要强迫男孩，如果男孩有做得不对的地方，父母也不要急于斥责，更不要用命令的口吻来教男孩该怎么做，而是要心平气和地用科学的方式引导男孩。

比如，上诉案例中博华爸爸的做法就非常不可取，当他发现博华贪玩后，不仅批评了他，还要求博华对他言听计从，一点也不考虑博华的感受。虽然博华爸爸的初衷是为了博华好，可是却没有用对方法，自然起不到好的效果。

青春期的男孩普遍渴望自由，不想再听从父母的管教，希望能按照自己的想法和意愿生活，这是青春期男孩正常的心理特点。虽然父母的本意是希望男孩能在自己的管教下变得更优秀，但因为教养方法不当，常常事与愿违。

有的父母在与男孩沟通的过程中，语气强硬、态度坚决，不允许男孩有任何想法和意见，总是用命令的口吻要求男孩对自己言听计从。这样做不仅会伤害男孩，而且也不利于建立良好的亲子关系。

因此，父母与青春期的男孩沟通时，一定不要以长辈的姿态自居，不要用命令的语气对男孩提意见，而是要换一种沟通方式，也许会有不一样的效果。

（1）父母要像朋友一样，与男孩平等交流。

父母与青春期的男孩交流时，最好能像朋友一样与男孩平等交流。青春期的男孩需要父母的理解和支持，而不是斥责和打骂。尤其是当男孩犯错时，父母一定要保持冷静和理性，耐心地与男孩交流，这样才能引导男孩改正错误。

父母一定要明白，青春期的男孩不再是任由父母指挥的小男孩了，他们是有独立人格和独立思想的个体，父母要改变自己的教育观念，爱不是占有，不是控制，而是放手，父母要学会考虑男孩的想法，尊重男孩的意愿，像朋友一样与男孩平等地交流，这样才能逐渐走进男孩的内心，帮助男孩平稳地度过青春期。

（2）父母要学会用商量的口吻与男孩交流。

虽然时代在进步，但有些父母的教养方式却没有跟上时代的步伐，对男孩的教育方式还停留在过去，一味地要求男孩对自己言听计从，只要男孩有一点反抗，就对男孩非打即骂。殊不知，这种教养方式不仅会给男孩造成严重的心理阴影，而且也不利于亲子关系的建立。

作为父母，除了要照顾男孩的身体健康，更重要的是要照顾男孩的心理健康，要学会尊重男孩的思想。遇到问题，尤其是与男孩有关的问题时，父母一定要与男孩商量，用商量的口吻与男孩交流，这样才能找到双方都能接受的办法。

其实，上诉案例中博华的爸爸可以用商量的口吻与博华沟通。比如，他可以这样说："博华，要不你先上去把作业写完了再下来玩可以吗？"如果博华还是不肯回家，那么爸爸可以与博华商量再玩20分钟，而不是强迫博华立刻与他回家。这样做不仅尊重了博华的想法，而且也不会让博华对他心生怨念，产生叛逆的想法。

（3）用温和的态度建立良好的沟通氛围。

父母与男孩沟通时，一定要注意自己的态度，不要大吵大闹，要给男孩一个良好的沟通氛围，因为沟通才是解决问题的正确方法。

总之，无论在什么时候，父母都不能用长辈的姿态压迫男孩，强迫男孩对自己言听计从，而是要想办法引导男孩，给予男孩信任，用爱去教育男孩，让男孩心甘情愿地信服于你，这样才能在教养男孩的道路上少走弯路。

巧用激将法，正话反说，激励青春期男孩

青春期的男孩，生理和心理都逐渐发育成熟，对事物的好坏、善恶也有自己的评判标准，但是因为缺乏生活的历练，所以在认知上会有所偏差，因此，有时候他们所做的决定不一定是正确的。哪怕父母明确地给男孩指出了错误，男孩也会坚持己见，认为自己的决定是正确的。此时，父母不妨换一种方式，反其道而行之，利用激将法，用正话反说来引导男孩改正错误。

田杰是一名高二的学生，从小父母就对田杰寄予了很高的期望，一直以来田杰的各科成绩也很不错。

最近，网络上读书无用论的言论铺天盖地，受到这种负面新闻的影响，田杰的成绩也一落千丈，他也认为读书对未来的发展起不了太大的作用。

对此，父母非常着急，毕竟还有一年就要高考了，此时田杰的决定会影响他的未来。于是，父母尝试与田杰沟通，想纠正他这种不正确的思想，但

是效果十分不理想，田杰依然没有改变自己的想法。

不仅如此，田杰还找出各种名人案例来反驳父母，那段时间，家里的氛围极其紧张。后来，田杰从最初的认为读书无用发展到厌学、旷课，甚至还产生了退学的想法。了解到田杰有退学的想法后，父母焦虑万分，后来经同事的建议，爸爸决定试试激将法。

爸爸一改往日的行事作风，不再每天劝阻田杰，而是故意对田杰说："我知道高中学业压力大，成绩跟不上也是正常的，不要紧，你学习成绩不好我也不会怪你。"

谁知，年轻气盛的田杰听到爸爸的话后反驳道："谁说我成绩不好的，我又不是因为成绩不好才不想上学，我只是觉得上学没有用而已。"

爸爸眼见田杰"上钩"了，于是又添油加醋地说："难道不是因为成绩不好才不想上学吗？一般不想上学的都是因为成绩不好，跟不上，所以才退学的。"

田杰一脸倔强地说："我又不是因为成绩不好，我成绩好着呢，不信，咱们走着瞧！"

从那以后，田杰恢复了往日的冲劲，非常刻苦，就为了向爸爸证明自己的成绩，很快，田杰的学习成绩回到了以前的水平，不仅慢慢地放弃了退学的想法，而且对待学习更认真了。

案例中，田杰爸爸的做法很值得父母学习。在正面批评教育无果后，田杰爸爸巧用激将法，正话反说，激发了田杰不服输的心理，及时纠正了田杰错误的想法，最终达到了教育的目的。

许多父母在教养男孩的时候，总是会采用不厌其烦的说教方式，这样不仅起不到教育的效果，还会使男孩产生逆反心理。因此，父母可以换一种方式，正话反说，以此来激发男孩的“逆反心理”，从而达到激励的作用。

青春期男孩最突出的问题之一就是逆反心理，从表面上来看，这种心理不利于男孩的成长，但其实只要父母能巧妙地利用男孩的逆反心理，未尝不是一件好事。用激将法来激发男孩内心不服输的心理，有时也可以让男孩自愿做出改变，从而使逆反心理变成约束男孩的“金箍棒”。

特别是那些自尊心很强的男孩，激将法是促进其进步的有效的方法之一。父母在教养男孩的道路上，一定要根据男孩的实际情况，制定切实可行的“激将目标”，这样激将法才能发挥最大的作用。那么，父母究竟该如何运用激将法，正话反说呢？具体做法，父母可以参考以下三个建议：

（1）父母要根据男孩的实际情况，制定切实可行的“激将目标”。

激将法的最终目的就是通过正话反说来达到激励男孩的作用，因此，父母在制定“激将目标”的时候，一定要注意目标的合理性。既要高于男孩的实际情况，又不能把目标定得太高，否则既达不到激励的目的，又怕男孩觉得目标太高，产生消极心理，这样就达不到激将法的初衷了。

比如，男孩本身的能力只能算一般，就算努力也只能达到中等水平，可父母为了激发男孩学习的积极性，一味地用全班第一的目标去激励他，这就是不合理的“激将目标”。因为当男孩发现自己无论怎么努力都达不到目标时，不仅会心生退意，而且自信心也会受到打击，所以父母在制定“激将目标”时，一定要考虑男孩的实际情况，切忌目标过大，否则会给男孩造成不必要的心理负担。

（2）激励男孩要找准最佳时机。

父母要知道，激将法除了要看对象、环境和条件以外，还要看场合，也就是时机。虽然有时候激将法能起到激励男孩的作用，但是如果选择的时机不对，就会因运用不当而适得其反。

比如，当男孩受挫的时候，就不能用激将法，此时男孩最需要的是鼓励和安慰。而当男孩因为取得一点成绩就骄傲自满时，激将法则是鞭策男孩的不二之选。

（3）父母在使用激将法时，一定要把握语言分寸。

激将法原本就是利用对方的自尊心和逆反心理，通过语言来刺激对方，让对方产生一种不服输的情绪，从而激发对方潜能的一种方法，换句话说，激将法也是一种说服他人的方式。

既然激将法也是需要口才与技巧的，那么父母在对男孩实行激将法的时候，一定要把握好语言的分寸，对男孩说话时切不可尖酸刻薄、挖苦讽刺，更不能肆意贬低和践踏男孩的自尊心，以免影响男孩的身心健康。

此外，父母在运用激将法的时候还要掌握好分寸，既不能操之过急，也不能太缓。正所谓欲速则不达，过急，就达不到预期的效果；而过缓，就不能很好地激发男孩的心理，也就起不到激励的最终目的了。

总之，教养男孩的最终目的是让男孩变得更优秀，使男孩能更好地立足未来。因此，父母在教养男孩的过程中，切不可为了达到某种目的而伤害男孩的身心健康。激将法虽好，重点是要用得巧，这样才能最大限度地激发男孩的潜能，使激将法发挥最大的作用。记住，青春期男孩最需要的是父母的引导，而不是批评和斥责。

只有学会换位思考，才能走进青春期男孩的内心

虽然换位思考人人都会说，但真正做到的父母却没有多少。现如今的男孩，几乎个个都是集万千宠爱于一身，因此，也造就了许多男孩产生了以自我为中心的性格。青春期的男孩自我意识在不断加强，过多的以自我为中心，势必会导致男孩与父母之间产生矛盾。如果此时父母一味地批评男孩，那么只会使亲子关系更加恶化，因此，父母要学会换位思考，才能与男孩进行良好的沟通，才能真正解决教养中出现的问题。

自从孙先生的儿子聪聪进入青春期后，他与聪聪的交流几乎为零。聪聪要么对他不理不睬，要么一言不合就吵架，还经常对孙先生说“我的事不用你管”，对于孙先生的叮嘱更是充耳不闻。

更让孙先生担心的是，聪聪最近结识了几个外校的人，经常在一起玩。有一次，孙先生发现外校的那几个小伙子竟然在抽烟，因此很担心聪聪交友

不慎，怕他受到影响学坏了。于是孙先生就劝聪聪不要与他们交往，希望聪聪能多与学习好、品行好的孩子交朋友，结果聪聪不仅不领情，反而非常反感孙先生的建议，还与孙先生大吵了一架。

孙先生认为，自己所做的一切都是为了聪聪好，可聪聪却根本不领情，也不愿意与自己交流。相信这样的问题很多父母都觉得似曾相识，那么父母们是否考虑过，为什么会出现这样的问题呢？其实，归根到底，是因为父母不理解男孩，不懂男孩的心思，解决这一问题最好的办法就是父母要学会换位思考。

在日常生活中，父母要多站在男孩的角度思考问题，多理解男孩，爱护男孩，做一个善解人意的父母，这样男孩才会真心接受父母。而善解人意最重要的就是要在体谅男孩、理解男孩的同时学会换位思考，这才是建立和谐亲子关系的最佳方式。

之所以父母要学会换位思考，也是为了让父母能理解男孩的想法和感受，这样父母才能站在男孩的角度和立场考虑问题，才能走进青春期男孩的内心，才能帮助男孩解读青春期内心的困惑。

那么，有的父母肯定会问：“说了这么多，我们究竟要如何学会换位思考呢？”具体方法父母可以参考以下几点建议：

（1）用真挚的心去了解男孩。

无论在什么时候、什么情况下，真心都是最重要的，只有用心才能真正了解男孩的想法和需求，才能真正帮助男孩解决问题。在教育男孩的这条道路上，大部分父母都是新手，因此，父母们可以经常在空闲之余做一些反思，用一种平时看不到的姿态去审视男孩。

比如：父母可以这样问自己：

我有给他成长的空间，让他独立自主吗？

我有真正关心过他内心的想法和需求吗？

我所给的是他真正想要的吗？

……

父母可以通过这些反思，来不断修正自己的教育方式，这样才能在教育男孩的道路上少走弯路，才能更好地帮助男孩成长。

（2）用细心去感受男孩的内心。

虽然每个男孩的性格和成长历程都是不一样的，但只要父母能善于发现、细心观察，就能找到自己与男孩之间相同的感受，就能缩短与男孩心灵之间的距离。

比如，父母可以与男孩说一说自己学生时代的趣事，或是说一说自己当年出现过的类似困惑，以及当时是如何处理的。这样不仅能有效地拉近与男孩之间的距离，还能打开男孩的话匣子，帮男孩分析当下的心理状况，这样男孩才能虚心接受父母的建议。

（3）用爱心去读懂男孩。

在现实生活中，许多父母都陷入了爱的误区，认为爱男孩就是竭尽所能地满足男孩所有的需求。殊不知，这种爱很容易演变成溺爱。要知道，真正的爱，是以男孩为本，以对男孩有益为前提的，而不是无底线、无原则的溺爱。

当然，父母对男孩的爱都是无私的，这是一切爱的前提，只有这样才能让男孩感受到父母的真心，才不会排斥父母的关心和爱护，才更利于男孩的成长。

（4）用聆听代替唠叨，引导男孩解决问题。

不管是以前，还是现在，许多父母总是摆出一副高高在上的长辈姿态，唠叨个没完，试图让男孩听从自己的命令。殊不知，这种方式不仅会激发男孩的逆反心理，而且会使男孩封闭自己的内心，拒绝与父母交流，这是非常不利于亲子沟通的。

因此，父母要学会适当闭嘴，用聆听代替唠叨，这样才能了解并感受男孩的心声，才能帮助男孩分析青春期所遇到的问题，才能对症下药，引导男孩解决问题，如此，亲子沟通的障碍将不复存在。

无论是什么关系，都是建立在相互理解和宽容的基础之上的，这样才能避免不必要的矛盾和冲突，才能更好地沟通，亲子关系更是如此。父母只有学会了换位思考，才能对男孩多一些理解和关爱，少一些训斥和责备。

换位思考是拉近父母与男孩沟通的桥梁。它既是一种心理体验，更是一种教养策略。如果父母在教养男孩的过程中，能有效运用换位思考，那么不仅有助于亲子关系的建立，而且男孩长大后也会变得更优秀。